谨以此书

纪念上海大学建校 100 周年

成旦红　刘昌胜　主编

百年上大
校友画传

（第二辑）

上海大学出版社
·上海·

书名中"百年"集于右任校长书法字体,"上大"集钱伟长校长书法字体

本书编委会

主　　　　任　　成旦红　刘昌胜
常务副主任　　段　勇
副　　主　　任　　欧阳华　吴明红　聂　清　王从春
　　　　　　　　　汪小帆　苟燕楠　罗宏杰　忻　平
委　　　　员　　（按姓氏笔画为序）

　　　　王远弟　王国建　卢志国　朱明原　刘长林
　　　　刘文光　刘绍学　许华虎　孙伟平　李　坚
　　　　李明斌　吴仲钢　吴　铭　沈　艺　张元隆
　　　　张文宏　张勇安　张基涛　陆　瑾　陈志宏
　　　　陈　然　竺　剑　金　波　孟祥栋　胡大伟
　　　　胡申生　秦凯丰　顾　莹　徐有威　徐国明
　　　　陶飞亚　曹为民　彭章友　傅玉芳　曾文彪
　　　　曾　军　谢为群　褚贵忠　潘守永　戴骏豪

主　　　　编	成旦红　刘昌胜
执 行 主 编	段　勇
执 行 副 主 编	曾文彪　胡申生　刘长林　耿　敬
执 行 编 辑	彭明霞　钟艺玲　张锡九　沃国成
编 辑 助 理	洪丹丹　井晓昌　章叶浩薇
	汤小琴　张佳霖　刘佳文

本辑校友画传选录的校友在校时间跨度为 1958 年至今。

1994 年合并组建的上海大学，是由 1960 年成立的上海工业大学（前身为上海工学院）、1958 年成立的上海科学技术大学、1983 年成立的上海大学和 1959 年成立的上海科技高等专科学校（前身为上海第二科学技术学校）合并组建而成的。其中，1983 年成立的上海大学又是由 1978 年成立的复旦大学分校、上海外国语学院分院、上海机械学院轻工分院、华东师范大学仪表电子分校、上海科学技术大学分校和 1959 年成立的上海市美术学校（前身为上海市美术专科学校）合并组建而成的。现在，我们把上述所有学校的校友都称为上海大学校友。

1958 年至今，上海大学拥有校友 33 万多名，他们的身影遍布于世界各地，活跃在各行各业，本辑校友画传选录其中的 272 名校友，从不同角度展示校友们的经历、风采和成就。从中我们可以探寻上海大学的奋斗前行历程，梳理上海大学的育人科研成果，并以此激励一代又一代"上大人"开辟自己的新航程，发扬主人翁精神，为将上海大学建成与上海城市地位相匹配、世界一流、特色鲜明的综合性研究型大学而共同奋斗。

在本辑画传的编撰过程中，上海大学对外联络处（校友会办公室）的同志为收集、整理校友资料倾注了大量心血，上海大学档案馆和出版社也自始至终给予大力支持与帮助。在此，向上述单位及相关同志致以诚挚的谢意！

上海大学历史源远流长，优秀校友彬彬济济，还有更多深耕于全国各地、各行各业的校友们，需要加强联络，学校还将以更多样的方式持续彰显校友风采。由于学校沿革错综复杂，几经变更与整合，人事更替频繁，故而本辑校友画传中疏漏及不当之处在所难免，恳请广大校友和读者不吝赐教。

目　录

丁维钰 / 1
于信汇 / 2
于海田 / 3
干　勇 / 4
马坚泓 / 6
马春雷 / 7
马新生 / 8
王乃梁 / 9
王力平 / 10
王天恩 / 11
王生洪 / 12
王任杰 / 13
王兴兴 / 14

王　迅 / 15
王希季 / 16
王应睐 / 18
王克胜 / 20
王林鹤 / 21
王保华 / 22
王晓明 / 23
王劼音 / 24
王博伟 / 25
王　斌 / 26
王德人 / 27
韦　源 / 28
毛光烈 / 29

毛忠明 / 30
方永汉 / 31
方明伦 / 32
尹　弘 / 33
邓小清 / 34
邓伟志 / 35
左学金 / 36
叶志明 / 37
叶　辛 / 38
田壮壮 / 39
丛玉豪 / 40
印海蓉 / 41
乐景彭 / 42

冯　伟 / 43
冯　远 / 44
戎国强 / 45
匡定波 / 46
吉永华 / 48
毕清华 / 49
吕仲涛 / 50
朱旭东 / 51
朱勤皓 / 52
朱锡仁 / 53
庄松林 / 54
刘人怀 / 56
任忠鸣 / 58

刘卫国 / 59
刘元方 / 60
刘达临 / 62
刘宇陆 / 63
刘　芳 / 64
刘宏葆 / 65
刘建影 / 66
刘晓明 / 67
刘高联 / 68
刘源张 / 70
刘钰铭 / 72
闫　立 / 73
江建中 / 74

江宪 / 75	杨士法 / 94	何小玲 / 111	张久俊 / 130	陈克宏 / 148
安来顺 / 76	杨秉烈 / 95	何平立 / 112	张 华 / 132	陈体芳 / 149
许 杰 / 77	杨雄里 / 96	何志明 / 113	张林俭 / 133	陈伯时 / 150
孙晋良 / 78	杨俊一 / 98	何继良 / 114	张统一 / 134	陈明仪 / 151
严东生 / 80	杨德广 / 99	余秀慧 / 115	张海平 / 136	陈明华 / 152
杜家毫 / 82	肖 星 / 100	邹元爔 / 116	张培璋 / 137	陈鸣波 / 153
李天祥 / 83	吴欢章 / 101	汪 猷 / 118	张雪父 / 138	陈凯歌 / 154
李三立 / 84	吴 松 / 102	汪道刚 / 120	张维华 / 139	陈皆重 / 155
李友梅 / 86	吴 杰 / 103	沈之瑜 / 121	张敬人 / 140	陈 宪 / 156
李 昕 / 87	吴明德 / 104	沈学础 / 122	张 竣 / 141	陈晓东 / 157
李建林 / 88	吴建雄 / 105	沈 诒 / 124	陆东福 / 142	陈家泠 / 158
李 栋 / 89	吴信训 / 106	沈 琼 / 125	陆 洋 / 143	陈 捷 / 159
李 珩 / 90	吴梦秋 / 107	忻 平 / 126	陆裕清 / 144	陈逸飞 / 160
李晋昭 / 91	吴程里 / 108	宋学锋 / 127	陆福宽 / 145	陈惠民 / 161
李 梅 / 92	吴 蓓 / 109	张大钟 / 128	陈大森 / 146	陈新汉 / 162
杨士宁 / 93	邱瑞敏 / 110	张 东 / 129	陈久康 / 147	陈騊声 / 163

邵国伟 / 164	周文波 / 184	胡传平 / 200	夏征农 / 217	郭 玮 / 237
邵 俊 / 165	周利民 / 185	胡彭生 / 201	顾红蕾 / 218	唐 冰 / 238
茅明贵 / 166	周 忻 / 186	钟燕群 / 202	钱 程 / 219	唐 豪 / 239
林宏鸣 / 167	周哲玮 / 187	俞光耀 / 203	钱伟长 / 220	谈士力 / 240
林国强 / 168	周积春 / 188	俞 勇 / 204	徐匡迪 / 222	陶飞亚 / 241
林振汉 / 170	周家宝 / 189	俞 涛 / 205	徐 旭 / 224	陶德华 / 242
林 野 / 171	周鸿刚 / 190	施大畏 / 206	徐 彬 / 225	陶鑫良 / 243
罗宏杰 / 172	周慕尧 / 191	施小琳 / 207	徐静琳 / 226	黄宏嘉 / 244
罗 海 / 173	郑令德 / 192	洪晓鸣 / 208	柴国强 / 227	黄永平 / 246
金东寒 / 174	郑 涵 / 193	姚明宝 / 209	奚美娟 / 228	黄 黔 / 247
金 波 / 176	宗 明 / 194	费孝通 / 210	高 香 / 229	曹家麟 / 248
金国华 / 177	居学成 / 195	袁琦琦 / 212	高韵斐 / 230	曹 鹏 / 249
金柱青 / 178	孟宪勤 / 196	桂恩亮 / 213	郭长刚 / 231	龚幼民 / 250
周水文 / 179	赵景泰 / 197	夏小和 / 214	郭本瑜 / 232	龚思怡 / 251
周 仁 / 180	赵耀华 / 198	夏小曹 / 215	郭毅可 / 234	龚振邦 / 252
周邦新 / 182	胡之光 / 199	夏志杰 / 216	郭礼和 / 236	梁 辰 / 253

彭沉雷 / 254	谢　宇 / 269	翟　建 / 283	阿格申·阿利耶夫 / 294
彭宏陵 / 255	谢希德 / 270	翟启杰 / 284	华可飞 / 295
斯晓夫 / 256	谢坚钢 / 272	滕建勇 / 285	玛丽·约瑟·塔·洛 / 296
董乃斌 / 257	谢　晋 / 273	滕俊杰 / 286	博维嘉 / 297
董远达 / 258	谢　峰 / 274	潘立宙 / 287	马可·穆勒 / 298
董　瀚 / 259	谢维扬 / 275	戴元光 / 288	苏　娲 / 299
蒋锡夔 / 260	楼　巍 / 276	戴世强 / 289	阿迈德 / 300
蒋卓庆 / 262	裘维国 / 277	戴　宁 / 290	郭甲烈 / 301
程　杰 / 263	鲍家善 / 278	戴厚英 / 291	阿　里 / 302
傅家谟 / 264	鲍培伦 / 279	戴振宇 / 292	阮仲英 / 303
鲁雄刚 / 266	褚晓波 / 280	魏大名 / 293	
曾凡一 / 267	蔡国钧 / 281		**上海大学沿革图 / 304**
曾成钢 / 268	廖大伟 / 282		

说明：本书的编排原则上按人物姓氏笔画为序，但因版面原因，个别处略有调整；外籍校友以国籍首字母音序排列。

丁维钰（1927—2016），浙江嘉兴人。教授。

1951年，毕业于浙江大学化学系。1960年，调入上海科学技术大学工作，曾任校学术委员会副主任、化学系主任和名誉系主任。

长期从事有机化学教学与科研工作。主讲"有机合成"和"物理有机化学"等研究生课程。对胂叶立德在有机合成中的应用，膦、胂叶立德与贫电子炔类的反应及多官能基含氟有机化合物的合成，贫电子环丙烷的立体选择性合成及其化学等三方面进行了深入的研究，在国内外期刊上发表论文70多篇。

1958年，获评全国妇女建设社会主义积极分子；1983年，获全国三八红旗手荣誉称号；1978年、1982年、1984年，获上海市三八红旗手荣誉称号；1982年，获国家自然科学奖三等奖。为上海市第三至第八届政协委员。

丁维钰在上海科学技术大学实验室

于信汇，1960年生，山东威海人。中共党员。教授。

2005—2014年，任上海大学党委书记。

1983年，毕业于同济大学机械工程系并留校任教，历任教研室主任、系副主任、系党总支书记、校学生工作部（处）长、校长助理。1986—1987年，在德国达姆施塔特工业大学学习。1995年，任同济大学党委副书记、副校长。1999年，任上海市教育卫生工作党委副书记。2002年，任上海体育学院党委书记兼上海市体育局党委副书记。2014—2020年，任上海社会科学院党委书记。在从事教学科研工作期间，开设"金属切削原理与刀具设计""计算机软件设计原理""超调整切削原理与机床设计"等课程。曾承担多项国家自然科学基金、上海市科委的科研项目。

入选上海市科技启明星计划。曾获上海市优秀青年教师等荣誉称号。为上海市第十二、第十五届人民代表大会代表。

2005年，于信汇与钱伟长校长交谈

2007年，于信汇在中共上海大学第一次代表大会上作报告

于海田，1969年生，山东莒县人。中共党员。博士。

2011年，获上海大学机电工程与自动化学院机械制造及其自动化专业工学博士学位。

1991年，毕业于山东工业大学自动化系。1994年，获山东工业大学自动化系工业自动化专业硕士学位。曾任山东航空公司青岛分公司副经理，山东航空公司总裁助理、机务工程部部长，山东航空股份有限公司总工程师，山东航空集团公司副总裁，山东航空股份有限公司总经理、党委副书记，山东航空股份有限公司董事长、党委书记。2015年后，历任山东省淄博市委副书记、市长、市政府党组书记，山东省工业和信息化厅厅长、党组书记，山东省发展和改革委员会党组书记，山东省新旧动能转换重大工程推进办公室主任兼省委改革办副主任、省委财经办副主任，山东省济南市委副书记、市政府党组书记、副市长、代理市长等。现任山东省济南市委副书记、市长、市政府党组书记。

为第十三届全国人民代表大会代表，第十一、第十二届山东省委委员，省第十一、第十二次党代会代表，中共济南市 第十一、第十二届市委委员，济南市第十五届人民代表大会代表。

2022年5月，于海田出席"泉城购"2022济南消费季启动仪式

2022年7月，于海田会见出席2022跨国公司（济南）高层对话会嘉宾

干勇，1947年生，四川内江人。中共党员。冶金材料专家，中国工程院院士。

1982年，在上海工业大学冶金及材料工程系获硕士学位。

1970年，毕业于东北工学院热能工程专业，在四川内江电力修造厂工作。1987年，在冶金工业部钢铁研究总院钢铁冶金专业获博士学位后留在钢铁研究总院炼钢室工作。1994年，任连铸技术国家工程研究中心主任。2001年，任钢铁研究总院院长；同年，当选为中国工程院院士。2009—2011年，任中国钢研科技集团公司董事长、党委副书记。2010—2014年，任中国工程院副院长。2012年，任宝钢集团有限公司外部董事。为中国稀土行业协会第一任会长。兼任北京金属学会第六至第九届理事会副理事长、第十届理事长，中国材料研究学会副理事长，中国稀土学会第四届理事长，中国科学技术协会常务委员，国家新材料产业发展专家咨询委员会主任，中国金属学会第九届理事会理事长，世界钢铁发展研究院理事会理事长，国家产业基础专家委员会副主任委员。长期从事冶金、新材料及现代钢铁流程技术研究。主持国家"十一五"重大支撑计划项目"新一代可循环钢铁流程工艺技术"的研究工作，并任钢铁行业技术创新战略联盟理事长和中国科技协会先进材料学会联合体主席、国家科技创新2030重大项目"重点新材料研发及应用"编制专家组组长。

1995年、1998年、2000年、2002年，获冶金部科技进步奖一等奖；1996年，获冶金部科技进步奖；1996年、1999年，获国家科技进步奖二等奖；2004年、2014年，获冶金科学技术奖。曾获国家有突出贡献中青年专家、国家"八五"科技攻关计划全国先进工作者、国家"九五"科技攻关计划全国突出贡献者等荣誉称号。为中国共产党第十六次全国代表大会代表、主席团成员，第十七次全国代表大会代表；中国人民政治协商会议第十二届全国委员会委员、人口资源环境委员会副主任。

2020年12月,干勇在三亚举办的"中国科研院所领导者跨界创新论坛"上发表主题演讲

2004年,干勇作为校友代表在新上海大学组建10周年庆祝大会上致辞

马坚泓，1965年生，江苏苏州人。中共党员。工商管理硕士。高级工程师。

1988年，毕业于上海科学技术大学精密机械系。

曾任上海永新彩色显像管有限公司党委书记，上海广电（集团）有限公司党委副书记、副总裁，上海广电信息产业股份有限公司董事长，上海仪电控股（集团）公司党委副书记。2010年后，历任上海申迪（集团）有限公司党委副书记、纪委书记，上海市国资委党委副书记、纪委书记，上海市安全生产监督管理局党组书记、局长。2018年起，任上海市应急管理局党委书记、局长。

为中共上海市第十二届委员会候补委员。

2020年6月，马坚泓做客上海人民广播电台"2020上海民生访谈"节目

马春雷，1966年生，上海人。中共党员。博士。

2006年，获上海大学社会学院社会学专业博士学位。

1989年，毕业于上海师范大学。曾任上海师范大学团委副书记，共青团上海市委学校部副部长、部长，市学联副秘书长、秘书长，共青团上海市委副书记、党组纪检组组长，上海市青年联合会主席，共青团上海市委书记、党组书记，中共上海市委宣传部副部长、上海市精神文明建设委员会办公室主任，上海市嘉定区委副书记、代理区长、区政府党组书记，上海市人民政府副秘书长，上海市发展和改革委员会主任，上海推进科技创新中心建设办公室常务副主任，长三角生态绿色一体化发展示范区执行委员会主任。现任上海市委副秘书长、市政府秘书长。

为中国共产党第十九次全国代表大会代表、上海市第十一届委员会委员，上海市第十五届人民代表大会代表，共青团第十五次全国代表大会常务委员会委员。

2018年3月，马春雷在第六届中国—亚欧博览会上海推介会上致辞

2019年，马春雷在"长三角一体化与自贸试验区联动发展"智库峰会上致辞

马新生，1954年生，山东枣庄人。中共党员。高级工程师，高级经济师。曾在上海大学在职研究生班学习。

1970—1979年，任铁道兵汽车连战士、班长。1979—1989年，历任上海整流器总厂武装干事、党支部副书记、党委副书记、党委书记、厂长。1989—1995年，任上海电气股份有限公司副总经理兼上海整流器总厂厂长。1995年后，历任上海机电贸易大厦总经理、党委书记，上海电气（集团）总公司工会主席、市机电工会主席，上海电气（集团）总公司副董事长、党委副书记、总裁，百联集团有限公司董事长。

马新生（右一）在2011年全球百货业高层论坛启动仪式上

王乃梁（1931—2020），上海人。副教授。

1986 年，在上海大学商学院管理技术系任教，后任教于上海工业大学。

1953 年，毕业于上海交通大学机械系。1960 年，任华中工学院讲师。1978 年，任中国人民解放军总后勤部企业部机械工程师。

1978 年，作为项目负责人荣获全国科学大会优秀科技成果奖。1987 年，参与编写的教材获国家教委高等学校优秀教材奖。1989 年，获全国优秀教师荣誉称号。1995 年，获上海高校系统老有所为"精英奖"。

1978 年，王乃梁因光电量革机获全国科学大会优秀科技成果奖

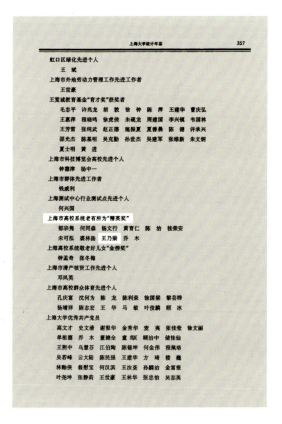

1995 年，王乃梁获上海高校系统老有所为"精英奖"

王力平（1940—2021），四川安岳人。中共党员。

1979—1985年，历任上海工业大学计算机系讲师、副主任，教务处副处长，党委办公室主任，党委副书记。

1965年，毕业于黑龙江大学数学系并留校任政治辅导员。1978年，调入上海机械学院电机工程系任教师。1985年后，历任上海市教育卫生工作党委副书记，上海市委秘书长、市委副书记、市政法委书记，上海市政协主席、党组书记。

为中国共产党第十六次全国代表大会代表，中国人民政治协商会议第九届全国委员会委员、第十届全国委员会常务委员，中共上海市第五至第七届委员会常务委员、第六至第八次代表大会代表。

1993年，王力平接受上海工业大学校长钱伟长授予的兼职教授聘书

王力平与谢希德交谈

王天恩，1954年生，江西莲花人。中共党员。博士。教授。

2004年，入职上海大学，历任社会科学学院教授、博士生导师、院长，社会科学学部、马克思主义学院哲学系教授、博士生导师。

1993—1996年，在武汉大学哲学系马克思主义哲学专业学习，获哲学博士学位。1998—1999年，作为高级访问学者在美国Rutgers大学和GIT做访问研究。主要从事马克思主义哲学、科学哲学和认知科学方面的教学与研究，已出版专著多部，发表论文近百篇。曾主持完成国家社科基金课题"马克思主义微观认识理论研究"和省部级课题"电脑科技若干哲学问题研究""量子理论认识论问题的系统研究"等多项。为上海高校"马克思主义基本原理概论"分教学指导委员会主任委员、上海思维科学研究会副会长、上海中西哲学和文化比较研究会副会长、上海哲学学会常务理事、中国自然辩证法研究会理事。

1992年，获江西省哲学社会科学优秀成果奖三等奖；1993年，获华东地区优秀图书奖二等奖、江西省哲学社会科学优秀成果奖一等奖、江西省社会科学院优秀科研成果一等奖。

王天恩著《信息文明与中国发展》书影

王天恩著《现代科学和哲学中的描述问题》书影

2019年1月，王天恩（前排左四）主持的教育部哲学社会科学研究重大课题攻关项目"人工智能的哲学思考研究"开题研讨会在学校召开

王生洪，1942年生，江苏南通人。中共党员。教授。

1965年，毕业于上海科学技术大学工程力学系并留校任教。1984—1986年，历任上海科学技术大学副校长、常务副校长。1987—1993年，兼任上海大学校长。

1981—1982年，在美国普度大学土木工程系、机械工程系进修。1982—1983年，在美国亚里桑拿大学航空机械系进修。1983—1983年，在美国德克萨斯大学天文系合作研究。为英国曼彻斯特大学、爱尔兰国立大学、日本早稻田大学、韩国全南大学、香港大学名誉博士。1984年，经教育部特批，晋升为教授。1986年起，历任上海市教育卫生工作党委副书记、上海市政府教育卫生办公室主任兼高教局局长、党组书记，上海市委统战部部长。1998—2007年，任上海市政协第九、第十届委员会副主席。1999—2009年，任复旦大学校长。长期从事精密跟踪雷达、射电天文望远镜、大型天线系统结构设计和计算力学等领域的教学和科研工作。

1978年，获上海市科研成果三等奖；1986年，获中国科学院六五科技攻关成果奖；1987年，获国家科技进步奖一等奖；1990年，获上海市科技进步奖一等奖；1990年，获全国教育科研成果一等奖，美国乔治华盛顿大学"校长奖"。曾获上海市科技战线先进工作者、上海市教育战线先进工作者、上海市劳动模范等荣誉称号。为中国共产党第十五次全国代表大会代表，中国人民政治协商会议第九、第十届全国委员会委员，中共上海市第六、第七次代表大会代表，中共上海市第七届委员会委员，上海市第七、第十届人民代表大会代表。

王生洪（左四）和"高精度20米口径卫星地面站天线系统"研制团队在卫星地面站合影

1992年，王生洪（中）出席日本三城株式会社向上海大学赠送光学眼镜仪器交接仪式

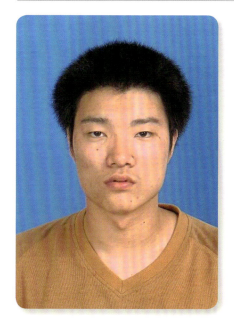

王任杰，1987年生，上海人。国家残疾人游泳队队员。

为上海大学管理学院2010届工商管理专业体育特长班学生。

现任黄浦区残疾人联合会兼职副理事长。1999年入选中国残疾人国家游泳队，多次征战国内、国际各项赛事，先后获2004年雅典残奥会男子50米自由泳、4×100米混合泳接力银牌，2008年北京残奥会男子4×100米混合接力亚军、男子50米自由泳S9级第四名。

曾获上海市政府颁发的一等功两次和上海市新长征突击手、上海市五一劳动奖章、2009年度"中国大学生自强之星"等荣誉。担任北京2022年冬残奥会火炬手。为中共上海市第十次代表大会中最年轻的代表。

王任杰参加北京2022年冬残奥会火炬传递

王任杰在北京2022年冬残奥会火炬传递中

王兴兴，1990年生，浙江杭州人。硕士。入选2020胡润Under30s创业领袖榜单。

2016年，在上海大学机电工程与自动化学院获硕士学位。在读研究生期间就开创性地开发了使用低成本外转子无刷电机驱动的高运动性能小型四足机器人XDog。

毕业后曾就职于大疆（DJI），后辞职并创立"宇树科技"。现任杭州宇树科技有限公司董事长、总经理。在全球率先公开零售高性能四足机器人，全球销量历年领先，显著推动了全球高性能四足机器人的市场化进程。带领研发团队让公司的四足机器人产品登上2021年央视春晚和2022冬奥会开幕式。曾作为国内唯一受邀嘉宾参加国际顶级机器人会议ICRA 2018—2022年足式机器人论坛演讲。已申请国内外专利100余项。带领公司获红杉、顺为、经纬等知名投资机构的多轮投资。

央视牛年春晚上的四足机器人

王兴兴与四足机器人

王迅，1973年生，山东滨州人。中欧国际工商学院EMBA。

1997年，本科毕业于上海大学机械设计及制造专业。2019年，在上海大学设立锐嘉科教育基金。现任上海大学校友会副会长、上海大学人工智能行业校友会会长。

曾就职于摩托罗拉、联想、德信无线等公司并参与摩托罗拉在中国本土研发的第一个手机项目。2006年，创立总部位于上海的锐嘉科投资控股有限公司，现任锐嘉科投资控股有限公司总裁。致力于自主研发人工智能、大数据、物联网（ABI）等产业互联网技术，以智能＋科技为产业赋能。为上海现代服务业联合会副会长、第八届上海市青年企业家协会副会长、第十四届上海市工商业联合会执行委员会常委、第六届上海市浦东新区工商业联合会副主席。

2013年，获评"中国手机圈影响力100人"；2014年，获上海市优秀青年企业家、年度青年经济人物提名；2015年，获第三届浦东年度经济人物创业创新奖；2018年，获上海市优秀特色社会主义建设者荣誉称号。为上海市浦东新区第六届人民代表大会常务委员会委员。

2019年4月，王迅在上海市山东商会"移动智地杯"首届创业大赛暨长三角一体化高峰论坛上致辞

2019年，王迅在上海大学人工智能行业校友会成立大会上发言

王希季，1921年生，云南大理人，白族。中国"两弹一星"元勋，卫星与返回技术专家，中国科学院院士，国际宇航科学院院士。

1959年，负责筹建上海科学技术大学工程力学系并任系主任。为上海科学技术大学第二届校务委员会委员。

1942年，毕业于西南联合大学。1949年，获美国弗吉尼亚理工学院动力和燃料专业硕士学位。1950年回国，先后在大连工学院、交通大学任职。1958年，任上海机电设计院（上海航天技术研究院前身）技术总负责人，是中国火箭及航天器的研制和组织者之一。1960年，主持了中国第一枚自行设计研制的液体推进剂探空火箭发射，使中国"两弹一星"工程迈出了关键的一步。1963年，作为上海机电设计院总工程师，提出中国第一颗卫星运载火箭"长征一号"的技术方案并主持该型运载火箭初样阶段的研制工作。1965年后，历任上海机电设计院、七机部总工程师，中国空间技术研究院副院长、科技委主任。曾任中国返回式卫星系列总设计师，负责制定研制方案，研究卫星返回的关键技术；任小卫星首席专家、双星计划工程总设计师等职。1987年，当选为国际宇航科学院院士。1993年，当选为中国科学院院士。

1982年，荣立国家航天工业部一等功；1985年、1990年、1992年，获国家科学技术进步奖特等奖；1996年，获国家科技进步奖一等奖；1995年，获何梁何利基金科学与技术成就奖；1999年，获党中央、国务院、中央军委授予的"两弹一星功勋奖章"。

王希季与航天员杨利伟等在神舟五号飞船返回舱前合影

王希季工作照

王应睐（1907—2001），福建金门人。九三学社成员。生物化学家，中国近代生物化学奠基人之一，中国科学院院士，捷克斯洛伐克科学院外籍院士，匈牙利科学院名誉院士，比利时皇家学院外籍院士。

1959年，负责筹建上海科学技术大学生物物理化学系并任系主任。为上海科学技术大学第一、第二届校务委员会委员。

1929年，毕业于金陵大学化学系并留校工作。1933年，进入燕京大学化学研究生院从事研究工作。1936年，被聘为金陵大学讲师。1941年，接受英国剑桥大学Dunn营养实验室聘请从事维生素研究；同年，获剑桥大学生化博士学位。1943年，到剑桥大学Molteno研究所在国际著名生化学家D.凯林（Keilin）教授领导下工作。1945年回国，受聘为南京中央大学医学院生物化学教授。1948年，应邀到上海的中央研究院医学研究所筹备处担任研究员。1950年，任中国科学院生理生化研究所研究员兼副所长。1955年，当选为中国科学院学部委员（院士）。1958年，任中国科学院生物化学研究所所长。1961—1966年，任上海生物化学学会理事会主席。1963年，任中国人工合成胰岛素协作组组长，组织协调与中国科学院有机化学研究所、北京大学的合作。1965年，在世界上首次成功合成牛胰岛素。1978—1983年，任中国科学院上海分院和上海科学院院长。1979—1987年，历任中国生物化学学会理事长、名誉理事长。1981年，领导中国科学家获得了世界上第一个人工合成的转移核糖核酸。1984年，任上海生物化学研究所名誉所长。

1978年，获全国科学大会重大科技成果奖；1982年、1987年，获国家自然科学一等奖；1988年，获美国佛罗里达州迈阿密生物技术冬季讨论会特殊成就奖；1996年，获何梁何利基金科学与技术成就奖。为九三学社第四至第六届中央委员会委员、第七届中央委员会常务委员；第三、第五、第六届全国人民代表大会代表。

1959年,王应睐(左四)在中国科学院上海分院会同一些专家研究上海科学技术大学生物物理化学系教学计划

王应睐(中)和上海生物化学研究所科技人员一起讨论实验结果

王应睐工作照

王克胜，1945年生，挪威籍。挪威科技大学终身教授，博士生导师。挪威工程院院士。1968年，本科毕业于上海工学院机械系。1982年，在上海工业大学机械系获硕士学位。1988年，获挪威科技大学工程博士学位。1993年，被聘为挪威科技大学教授。2006年，当选为挪威工程院院士。兼任美国华盛顿大学、挪威北极大学和中国的上海大学、上海交通大学、同济大学、上海第二工业大学、南京理工大学、常州大学、常熟理工学院、广东岭南师范学院等大学客座教授。多年来，活跃在机器人和智能制造工程领域，创新了智能制造系统和混合计算智能系统的理论和概念，并成功应用于产品设计和制造、油气工业、商业、医疗保健和医药等领域。主持多项重大国家和欧盟合作项目，建立了多个智能制造院士工作站。已出版专著27部，在国际期刊和国际会议上发表学术论文300多篇。曾任IFIPTC 5 and WG.5.1、SIGWG 5.7和挪威人工智能协会委员，北欧、波罗的海和俄罗斯暑期学校主席，IFIPTC 5国际会议主席，PROLAMAT 2006、NTVA—CAE研讨会及历届IWAMA国际会议主席。

2014年9月，王克胜在上海第二工业大学全球合作伙伴周"应用型人才培养与教育国际化校长论坛"上演讲

王林鹤（1931—1995），浙江宁波人。中共党员。

1960年，由组织推荐进入上海科学技术大学"工人班"学习。

1952年，任上海沪光科学仪器厂技术员，设计并制造了国内第一套标准云母电容器。1957年，研制出2000余个国家急需的高级精密高压电桥部件。1958年，研制成功国内第一台1万伏高压电桥精密仪器，受到国务院总理周恩来、副总理聂荣臻和中国科学院院长郭沫若等的表扬与鼓励。1960年，被上海市人民委员会选拔为工程师。1977年后，历任上海市总工会主席、上海市生产技术局副局长、上海市经委副总工程师和科技咨询委员会副主任。

1959年、1960年、1976年，获上海市先进生产者荣誉称号；曾获上海市先进科技工作者、上海市劳动模范、全国劳动模范等荣誉称号。为上海市第四、第五、第七、第九届人民代表大会代表，第四届全国人民代表大会代表，中国共产党第十一届中央委员会委员、第十二届中央委员会候补委员。

王林鹤工作照

1965年，工人班首届毕业生、全国著名劳动模范王林鹤毕业设计答辩

王保华（1939—2019），江苏宜兴人。教授。

1960年起，在上海科学技术大学无线电电子学系、计算机系任教。1986年，晋升为教授。历任系主任、所长、校学术委员会副主任、校务委员等职。1994年起，任上海大学生命科学学院副院长。1997年起，历任上海大学通信与信息工程学院教授、博士生导师，生物医学工程系主任，上海生物医学工程研究所所长，兼任上海交通大学生物医学工程专业教授、博士生导师。主要从事电视、雷达、通信等无线电技术和生物医学工程等方面的教学和研究。

1958年，毕业于交通大学电机系。1958—1960年，任交通大学助教；同期在清华大学无线电电子学系进修无线电技术。曾任中国电子学会理事、生物医学电子学会主任委员、生物医学工程学会理事、生物医学测量专业学会主任委员、IEE（国际）学会荣誉官员兼中国执行委员会委员，为中国派往世界无线电科学联盟（URSI）生物医学电磁学（K）专业委员会的官方代表并兼任该专业中国委员会主席等职。在无线电技术及生物医学工程领域中共有20余项成果通过省市一级以上机构的鉴定与验收。曾主持国家"七五"科技重点攻关项目。

1991年，获上海市科技进步奖一等奖；1992年，获上海市科技进步奖二等奖，主编的《生物医学电子学》获国家级优秀教材奖。1991年，被评为全国优秀教师；1992年，被评为上海市劳动模范；1993年，被评为全国优秀科技工作者并荣获全国五一劳动奖章。

20世纪60年代，王保华（左三）和上海科学技术大学同事合影

王晓明，1955年生于上海，祖籍浙江义乌。博士。教授。

1995年起，历任上海大学文学院教授、博士生导师，上海大学中国当代文化研究中心主任，上海大学文学院"启思书院"院长等职。

1982年，获华东师范大学中国现代文学专业文学博士学位并留校任教。曾赴杜克大学、伦敦大学、斯坦福大学、台湾"中央研究院"、京都大学、福冈太平洋研究中心等做学术演讲，并先后在芝加哥大学东亚系、香港中文大学比较文学系、东京大学东洋研究所、意大利贝拉吉奥中心、香港中文大学中国文化研究所和加州大学洛杉矶分校中国研究中心、哈佛大学东亚系和燕京学社做短期研究。主要从事20世纪中国文学研究兼及文学理论和中国近现代思想史研究。出版专著和编著多部，有16篇论文被译成日、英、韩文后在海外发表。

1986年，获上海市第一届哲学社会科学奖论文奖；1988年，获第三届"《上海文学》奖"；1989年，获上海市新长征突击手称号；1989年，获上海青年五四奖章；1990年，获第四届上海文学奖；1991年，获作出突出贡献的中国硕士学位获得者称号；1992年，获庄重文文学奖；1993年，获上海高校优秀青年教师称号；1994年，获第六届上海文学奖；1995年，获上海市园丁奖；2003年，论文《从"淮海路"到"梅家桥"——从王安忆小说创作的转变谈起》获"《文学评论》（1997—2002）优秀论文奖"；2004年，获上海市第七届哲学社会科学优秀成果奖论文类三等奖。

王晓明在研讨会上发言

王晓明主编《二十世纪中国文学史论》书影

王劼音，1941年生，上海人。油画家，版画家。教授。

1965年，毕业于上海市美术专科学校（大学本科）。1977年，任教于上海市美术学校。1996年起，任上海大学美术学院教授。

1986年，在奥地利维也纳造型艺术学院高级版画班、国立维也纳应用艺术大学哈特教授工作室进修。1989年，任第七届全国美展评委。1996年，应邀在新加坡南洋艺术学院讲学半年，2000年，任上海油画雕塑院特聘艺术家。2001年，在上海田子坊设立王劼音画室。现为中国美术家协会会员、中国版画家协会会员、上海版画会会长。代表画作有《无何有乡》等。作品被上海美术馆、深圳美术馆、江苏美术馆、城市水墨、青岛美术馆、广东美术馆、安徽美术家协会、上海美术家协会、法国国家图书馆、法国Gravelines博物馆、澳大利亚南威士国立艺术博物馆、美国亚太博物馆、美国波特兰艺术博物馆等机构收藏。

曾获第十二届全国版画展金奖。2001年，参加"中国小幅油画作品大展"并获艺术奖。

王劼音在创作

王劼音油画《原野》

王博伟，1981年生，甘肃人。乌克兰国家工程院外籍院士。人工软骨仿生吸能技术发明人、ACF实验室创始人。

2016—2018年，就读于上海大学经济管理中心中法班（第一届）。

长期从事仿生吸能材料与冲击防护技术的研究工作，解决人体防护、物品防摔、汽车防撞、工业减震、军警防护等问题，如北京冬奥会冰雪运动员防摔、特种兵跳伞防撞防摔、某品牌手机防摔等。已参与各级重大科研及工程项目10余项，获奖30余项，获中、美、澳、欧等国家和地区专利60余项，完成国家标准3项、军工标准1项，登录SCI论文2篇。2020年，当选为乌克兰国家工程院外籍院士。现任广东林至科技集团有限公司董事长兼首席科学家。兼任广东省康复医学会康复辅具分会理事、知联会副会长等职。

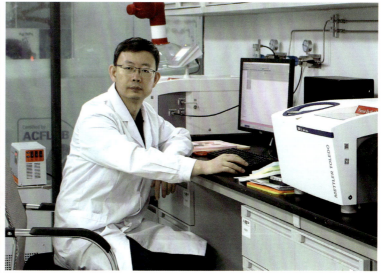

王博伟工作照

王斌,1982年生,山东莱芜人。中共党员。博士。副研究馆员。

2011年,获上海大学文学院硕士学位。2019年,获上海大学文学院考古学专业博士学位。

2011年,入职金山区博物馆,主要从事金山区的文物保护与考古研究。现任上海市金山区博物馆副馆长。

2018年,获上海市青年五四奖章,2019年,获上海市五一劳动奖章,获评第七届"金山十大杰出青年";2021年,获评首届"金山文化英才";2022年,获国家人力资源社会保障部、国家文物局颁布的"全国文物系统先进工作者"称号。

2022年7月,王斌(前排右三)出席金山区博物馆举办的"新征程·新奇迹"红色故事讲解员比赛并任评委

王德人（1933—2004），上海人。教授。

1985 年，入职上海科学技术大学，任数学系主任，兼任上海数学学会常务理事、《应用数学与计算数学学报》编委、全国计算数学学会理事等职。

1956 年，从东北人民大学（吉林大学）数学系毕业后，在兰州大学从事计算数学的教学与研究，是中国最早的计算数学工作者之一。曾任兰州大学数学力学系副主任、甘肃省计算数学会副理事长。编著出版《计算方法》《计算实习》《非线性方程组解法和最优化算法》《数值代数和方程组求解》《非线性方程区间算法》《数值逼近引论》等著作，并在国内外重要刊物上发表论文 50 余篇。曾应邀到西安交通大学、南京大学、浙江大学、北京应用物理所、德国佛莱堡大学等高校或研究机构进行讲学和合作科学研究。

曾获中国科学院自然科学奖、教育部科技进步奖、甘肃省教委奖、上海市优秀教材奖、美国经典引文奖等。1991 年，被国家教委评为全国优秀教师。退休后，经上海大学推选，为享受澳门爱国企业家马万祺先生提供的对有重要贡献的退休教授津贴和资深教授津贴的专家之一。

王德人与兰州大学部分学生在一起

韦源，1957年生，广西容县人。中共党员。

1984年，毕业于上海大学文学院中文系，获学士学位。曾任上海大学文学院团委书记、上海大学团委书记。

1986年后，历任共青团上海市委学校部副部长、组织部副部长、组织部部长，共青团上海市委副书记兼浦东新区团工委书记。1997年后，历任上海市委老干部局副局长，奉贤区委副书记，奉贤区政协主席、党组书记，徐汇区政协主席、党组书记。

2019年7月，韦源在上海市委老干部局召开的"不忘初心、牢记使命"主题教育专题学习研讨会上

2016年8月，韦源（左三）带队走访上海核工程研究设计院

毛光烈，1955年生，浙江江山人。中共党员。博士。高级经济师。

2006年，获上海大学社会学院社会学专业博士学位。

1985年起，历任浙江省永康县委副书记兼组织部部长、政法委书记，浙江省义乌市委副书记、市长，浙江省金华市委常委、市长。1997年起，历任浙江省地质矿产厅厅长、党组书记兼省地质矿产勘查开发局局长，浙江省科学技术厅厅长、党组书记，浙江省发展和改革委员会主任、党组书记，宁波市委副书记、市长。2011—2018年，历任浙江省副省长、党组成员，浙江省人民代表大会常务委员会党组副书记、副主任，浙江省人民代表大会常务委员会代表资格审查委员会主任委员。

为中国共产党第十六次全国代表大会代表，第十一届全国人民代表大会代表。

2014年9月，毛光烈（中）考察调研中国科学院宁波材料技术与工程研究所

毛忠明，1952年生，浙江萧山人。中共党员。教授。

1980年起，曾任上海机械学院轻工分院及之后的上海大学工学院基础部主任、工业外贸系主任。1994—2012年，历任上海大学经济管理学院副院长、外事处处长、外国语学院院长、直属单位党委书记、国际交流学院副院长。

1986年，在英国华威大学获硕士学位。曾任上海工商外国语职业学院常务副校长。

1989年，获全国优秀教师称号；1996年，获王宽诚育才奖；2004年，参与编写的《新视野大学英语》获上海市优秀教材一等奖。

毛忠明参编《新视野大学英语》书影

2017年10月，毛忠明在第六届"J.TEST杯"全国高等职业院校日语技能大赛开幕式上致辞

方永汉，1936年生，福建漳州人。中共党员。教授。

1960年，从华东化工学院硅酸盐专业毕业后进入上海科学技术大学工作，1994年起，在上海大学材料科学与工程学院担任教学与科研工作。

长期从事陶瓷物理化学和陶瓷导论等课程的教学工作和微波介质谐振器材料的研究工作。1988年，赴美国伊利诺大学材料科学与工程系访问并被聘为客座副研究员。

1980年，获上海市重大科研成果二等奖；1985年，获国家发明奖三等奖；1988年，获国家有突出贡献中青年专家荣誉称号；1989年，获上海市科技进步奖三等奖；2019年，获庆祝中华人民共和国成立70周年纪念章；2021年，获"光荣在党五十年"纪念章。

2021年7月，上海大学材料科学与工程学院师生看望方永汉

方明伦，1939年生，浙江宁波人。中共党员。教授。

1964年，清华大学毕业后入职上海工学院。历任上海工学院及之后的上海工业大学机械工程系机制教研室主任、机械工程系副主任、上海机器人研究所所长、校科研处处长、副校长兼知识产权学院院长。1974—1975年，公派赴英国曼彻斯特大学理工学院进修。1994年，任上海大学常务副校长。1998—2005年，任上海大学党委书记兼常务副校长。2005年，受聘为上海大学终身教授。

长期从事机械工程自动化及机器人研发工作，是上海工业大学"机械自动化与机器人"专业的主要创始人，在上海是该领域的开拓者之一。曾任国务院学位委员会学科评议组成员，教育部第一至第三届科技委员会委员，国家863计划第一至第三届专家组成员，中国机械工程学会自动化分会常务理事，上海市机械工程学会副会长，上海市机器人学会会长。

20世纪80年代，因领衔研发工业机器人中的"上海2号""上海5号"（上海首批研制成功的5个工业机器人被命名为上海1号至上海5号），获上海市科技进步奖一等奖和上海市科技振兴奖一等奖；1990年，获国家有突出贡献中青年专家荣誉称号；1992年，获上海市优秀教学成果二等奖；1993年，获上海市高教局优秀（研究生）导师称号；1994年，获上海市劳动模范称号及上海市高教精英提名奖；1995年，获上海市科技进步奖三等奖两项。为上海市第十至第十二届人民代表大会代表。

2000年，方明伦在上海大学CIMS和机器人中心

2001年，方明伦与钱伟长校长交谈

尹弘，1963年生，浙江湖州人。中共党员。

1985年，毕业于上海工业大学金属材料及冶金工程系金相专业，获工学学士学位；毕业后留校，历任上海工业大学团委副书记、党委办公室秘书、团委书记。1994年，任上海大学团委书记。

1988年，获上海交通大学社会科学及工程系马列主义原理专业法学学士学位。1994年后，历任上海市计划委员会办公室副主任，上海市松江县副县长，上海市长宁区委副书记、副区长，上海市闸北区委副书记、区长。2012年后，历任上海市委常委、秘书长，市级机关工作党委书记，上海市委副书记、政法委书记，中国浦东干部学院第一副院长（学院理事会副理事长）。2019年后，任河南省委副书记、省长。2021年，任甘肃省委书记，省人民代表大会常委会主任、党组书记，省军区党委第一书记。

为中国共产党第十九次全国代表大会代表、第十九届中央委员会候补委员，第十三届全国人民代表大会代表。

2017年7月，尹弘到上海大学调研和考察

2022年8月，尹弘（中）出席中共甘肃省委举行的"中国这十年·甘肃"主题新闻发布会

邓小清，1962年生，湖南祁阳人。博士。

1991年，获上海工业大学经济管理学院系统管理优化方向硕士学位。

1995年，获清华大学经济管理学院博士学位。1999年，公派赴美国纽约州立大学石溪分校做高级信息管理访问学者。1995年后，就职于国家经济贸易委员会技术装备司、政策法规司。2003年，任国务院国有资产监督管理委员会研究室处长。2003年后，曾任中共中央办公厅调研室局长。现任第十三届全国政协港澳台侨委员会驻会副主任（副部长级）。曾参与多项重点专题研究，参与十余本政策法规书籍编撰，发表政策研究论文数十篇。

在上海工业大学求学期间，获光华奖学金一等奖；在清华大学攻读博士期间，获1995届研究生优秀毕业生提名奖、研究课题获教育部科技进步奖一等奖等。为中国人民政治协商会议第十三届全国委员会委员。

2022年3月，邓小清参加政协第十三届全国委员会第五次会议

邓小清工作照

邓伟志，1938年生，安徽萧县人。中国民进成员。

1996年起，任上海大学文学院教授、博士生导师、社会学系主任。2011年，受聘为上海大学终身教授。2019年，个人捐资在上海大学社会学院设立"邓伟志育才奖"。

1960年，毕业于上海社会科学院经济系。曾在上海社会科学院、中共中央华东局政治研究室、《红旗》杂志社、中国科学院研究室、中国大百科全书编辑部等工作，兼任华东师范大学等多所高校的教授。曾任中国大百科全书出版社上海分社编审、中国社会学学会顾问、上海市作家协会散文杂文委员会主任、全国年鉴研究中心副秘书长、中国社会学会副会长、上海市政府专家组成员、上海市社联常委、上海市科协委员、上海市作家协会理事、中国妇女理论研究会副会长、上海市社会学会会长、上海市妇女学会副会长、上海市中外哲学与文化比较研究会会长、海峡两岸学术文化交流促进会副会长、上海市未来研究会理事长、上海市科普创作协会理事、炎黄文化研究会理事。主要从事家庭社会学、知识社会学、城市社会学等方面的教学和研究。1986年，所办"邓伟志信箱"，获上海人民广播电台优秀节目奖。

2022年，获上海市第十五届哲学社会科学优秀成果奖学术贡献奖。为中国民主促进会第七届中央委员会常务委员、上海市委员会副主任委员，第八、第九、第十届中央委员会副主席；中国人民政治协商会议第九、第十届全国委员会委员。

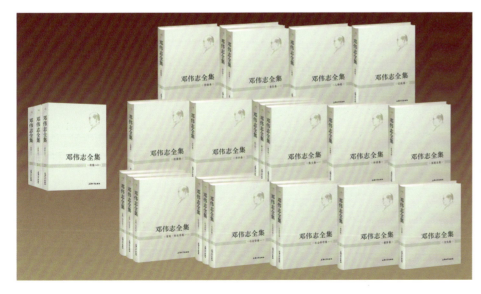

《邓伟志全集》（1—25卷）书影

邓伟志在上海大学文学院讲学

左学金，1949年生，江苏阜宁人。博士。研究员。

1982年，毕业于上海工业大学基础部物理专业班。

1982年，获上海社会科学院研究生部经济学硕士学位。1989年，获美国匹兹堡大学经济学博士学位。1989—1991年，先后在美国普林斯顿大学做博士后研究和在美国普查局做访问研究员。1994—2012年，曾任上海社会科学院副院长、常务副院长并兼任上海社会科学院经济研究所所长。曾任中国人口学会副会长、国家人口与计划生育委员会专家、全国社会保障论坛专家委员会专家、上海市政府决策咨询专家、上海市老年学学会会长、上海市数量经济学会会长，国家哲学社会科学重大课题"我国21世纪人口老龄化和经济社会对策研究"首席专家、国家自然科学基金重大招标课题负责人。

为上海市政协第十一届委员会人口资源环境建设委员会副主任。

左学金在研讨会上发言

2018年6月，左学金在上海大学第二届董事会第二次会议上

叶志明，1954年生，浙江鄞县人。中共党员。博士。教授。

1988年起，在上海工业大学任教。历任上海大学土木工程系教授、博士生导师、系主任，教务处处长，研究生部主任，研究生工作党委书记，副校长，音乐学院院长，图书馆馆长等职。

1978年，毕业于镇江农机学院汽车专业。1982年，获江苏工学院固体力学专业工学硕士学位。1988年，获兰州大学力学系理学博士学位。1992—1995年，在加拿大曼尼托巴大学从事博士后研究。1995—2013年，先后在法国、澳大利亚、英国、加拿大等大学进行合作科学研究与讲学。曾在镇江农机学院、江苏工学院、上海铁道学院任教。曾兼任上海东方广播电台文明建设督导员、高等教育出版社土建类系列教材编委会副主任委员、教育部高等学校力学基础课程教学指导委员会副主任委员、中国建筑学会结构计算理论与工程应用专委会委员、浙江大学与延边大学兼职教授、中国力学学会力学史与方法论专委会委员、国际计算力学协会会员、中国音乐家协会会员、中国高等教育学会会员、中国大学教学研究分会副理事长、中国教育战略学会人文教育专委会常务理事、宝钢教育基金会理事与监事会主席、上海市建设与交通委员会科技委员会委员、《力学与实践》杂志副主编，《机械强度》《结构工程师》编委会委员、上海市教育考试命题与评价指导委员会委员、满天星交响乐团小提琴演奏员、西安交通大学和哈尔滨工业大学国家级力学实验示范中心教学指导委员会主任委员，为教育部首批虚拟教研室建设负责人。在国内外力学与工程类学术杂志发表论文140余篇，在各类国际会议文集上发表论文30余篇。在中文核心期刊上发表教育与社科类论文80余篇，出版各类学术专著与教材19部，获发明等专利13项、软件著作权2项。所开课程及所编教材获国家级精品课程，国家级教学团队，国家级精品在线开放课程与一流课程，国家级课程思政示范项目，教学名师与教学团队，国家级教学成果奖二等奖，上海市教学成果特等奖、一等奖、二等奖，全国普通高校优秀教材二等奖、上海市优秀教材一等奖，全国普通高校精品教材奖，首届全国教材建设奖二等奖，首届上海市精品教材奖等奖项。

1992年，获上海市科技振兴三等奖；1997年，获上海市育才奖；1999年，获上海市科技进步奖二等奖、宝钢教育基金优秀教师奖；2001年，获上海市第七届教育科学研究成果二等奖。曾获甘肃省有突出贡献博士、上海教育系统优秀共产党员、上海市优秀思想政治工作者、首届上海市高等教育教学名师奖等荣誉称号。

叶辛，原名叶承熹，1949年生于上海，祖籍贵州。中国著名作家。

1999年，被聘为上海大学文学院院长。

1979年，在贵州作家协会从事专业创作，曾任贵州省作家协会副主席。现任中国作家协会副主席、上海市作家协会副主席。1977年，发表处女作《高高的苗岭》，而后出版长篇小说《蹉跎岁月》《家教》《孽债》等。由其本人根据长篇小说《蹉跎岁月》《家教》《孽债》改编的电视连续剧上映后，均在国内引起轰动。电视剧文学本《风云际会宋耀如》荣获"金狮荣誉奖"。1985年，创作的短篇小说《塌方》获国际青年优秀作品一等奖；1995年，创作的长篇小说《华都》获全国优秀畅销图书奖；2019年，《蹉跎岁月》入选"新中国70年70部长篇小说典藏"。

1985年，获评全国优秀人文艺术工作者并获全国首届五一劳动奖章。2014年10月，应邀参加习近平总书记主持召开的全国文艺工作座谈会，为七位发言代表之一。2019年10月1日，作为十五位文艺代表之一参加国庆庆典，登上"中华文化"彩车。为第六、第七届全国人民代表大会代表。

叶辛著《蹉跎岁月》书影

2019年3月，叶辛参加海派文化日·"大家话海派"项目发布会暨叶辛《上海传》分享会

田壮壮，1952年生于北京。电影导演、制片人、演员。

现任上海大学上海电影学院导演系首席教授，北京电影学院导演系研究生导师。

1982年，毕业于北京电影学院导演系。1978—2002年，为北京电影制片厂导演。1980年，在大学实习期间与同学执导首部短片《我们的角落》。2014年，与张艺谋、十庆联合执导历史古装影片《王朝的女人·杨贵妃》并兼任艺术总监。2017年，主演的电影《相亲相爱》在中国内地上映。1993年，执导的《蓝风筝》获第六届东京国际电影节最佳影片奖；2002年，执导的《小城之春》获第五十九届威尼斯国际电影节"逆流"竞赛单元的圣马可最佳影片奖；2005年，执导的个人首部纪录片《茶马古道·德拉姆》获第五届华语电影传媒大奖最佳导演奖、第一届中国电影导演协会最佳导演奖、第五届华语电影传媒大奖最佳电影奖；2007年，执导的《吴清源》获第十届上海国际电影节最佳导演奖；2018年，主演的电影《后来的我们》获第三十二届中国电影金鸡奖五项提名；2020年，获第十一届"《青年电影手册》杰出电影成就奖"、第四届平遥国际电影展"2020卧虎藏龙东西方交流贡献荣誉"。

2020年10月，田壮壮在第四届平遥国际电影展新浪潮大师班上做分享

2016年6月，田壮壮在上海大学上海电影学院陈凯歌院长及首席教授媒体见面会上

丛玉豪，1965年生，山东人。中共党员。博士。教授。

2014—2016年，任上海大学党委常委、副校长。

1981年起，就读于兰州大学计算数学专业，先后获理学学士、硕士和博士学位。毕业后留校任教，曾任兰州大学数学系副系主任、党总支委员、支部书记等职。1998年10月，到上海师范大学任教，曾任院长助理、副院长、学院党委委员、教务处处长、校长助理等职。2008年11月，任上海师范大学党委常委、副校长。2016年8月，任上海海关学院党委副书记、院长。曾任上海高校计算科学E-研究院特聘教授。从事微分方程数值解法的研究，曾到美国加州州立大学、中国科学院数学与系统科学研究院做访问学者。主持国家自然科学基金项目4项，省、市自然科学基金项目10余项，主持市教委重点课程项目、教改项目等10余项。在国内外核心期刊发表学术论文60篇；出版英文专著1部，主编教材1本。

曾获上海市教学成果奖一等奖、上海市优秀教材二等奖、上海市第十届教育科学研究成果奖三等奖等，获甘肃省高等学校优秀政治思想工作者、兰州大学教书育人先进个人、兰州大学教学新秀提名、兰州大学汇凯教育基金奖教金奖、上海市高校优秀青年教师、上海师范大学优秀中青年学术骨干、上海师范大学优秀党员、上海市育才奖等荣誉称号。为上海市第十五届人民代表大会代表。

2015年7月，丛玉豪（右二）到上海大学钱伟长学院调研本科教学和人才培养

印海蓉，1968年生于安徽。中共党员。

2000年，毕业于上海大学影视节目制作专业（大专）。2007年，毕业于上海大学影视编导专业（本科），后就读于上海大学媒介管理硕士研究生高级研修班。

1988年，进入上海电视台，一直担任上海电视台《新闻报道》节目的主持人，为新闻综合频道首席新闻主持人。

为2000年度上海电视台"十佳电视人"、2000—2001年度上海市三八红旗手、2002年度上海市新长征突击手标兵。2010年，获中国播音主持金话筒奖；2011年，获SMG"名优新"主持称号；2012年，获SMG"名优新"十佳主持人称号；2021年，入选"2020年度全国广播电视和网络视听行业领军人才工程、青年创新人才工程"名单；2022年，入选首届中国播音主持"金声奖"优秀电视播音员主持人名单。为中国共产党第十八、第十九次全国代表大会代表。

印海蓉工作照

2022年8月，印海蓉获"金声奖"

乐景彭，1948年生，浙江镇海人。中共党员。高级经济师。

1981年，毕业于上海工业大学炼钢专业。

1968—1995年，历任上钢五厂工人、炉长、党支部副书记、技术员，党总支副书记、党总支书记、车间主任、副厂长。1995—2000年，任上海五钢（集团）有限公司总经理。2000年6月起，任上海市宝山区委副书记、代区长；同年8月，任宝山区区长、党组书记。后任上海市经济委员会副主任、上海市政协经济委员会主任等职。

为上海市第十一届人民代表大会代表、上海市政协第十一届委员会常务委员。

2009年6月，乐景彭接受"国资如何引领上海创意产业发展"课题组采访

冯伟，1959年生，浙江绍兴人。中共党员。博士。教授。

1996年，获上海大学固体力学专业博士学位。1996年后，曾任上海大学上海市应用数学和力学研究所所长助理、副所长，上海大学党委组织部部长、副秘书长。

1998年，获加拿大康戈迪亚大学机械工程专业博士学位。2003年后，历任杨浦区委常委、组织部部长，上海市委组织部秘书长，浦东新区区委副书记、组织部部长，浦东新区区委党校校长，浦东新区地区工作党委书记。2018年，任上海市第十五届人大常委会代表资格审查（人事任免工作）委员会副主任委员（副主任）、第十五届人大常委会代表工作委员会副主任。

为上海市第十五届人民代表大会代表。

2017年5月，冯伟在上海大学第二届董事会第一次会议上发言

2019年6月，冯伟（中）赴洋泾街道调研社会治理工作

冯远，1952年生，上海人。国画家。

2016—2020年，任上海大学上海美术学院院长。2020年，任上海大学上海美术学院名誉院长。

1980年，毕业于浙江美术学院研究生班，师从方增先先生。1996年起，历任中国美术学院副院长，国家文化部教育科技司司长、艺术司司长，中国美术馆馆长，中国文联副主席、党组成员、书记处书记；兼任清华大学美术学院名誉院长、清华大学艺术博物馆馆长、中央文史研究馆副馆长、中国美术家协会名誉主席等职务。曾多次赴欧美亚多国举办个展、巡展，并做演讲授课，作品被国内外多家博物馆、美术馆收藏。代表作品有中国画《长城》《星火》《母子图》《屈原与楚辞》《世纪智者》《逐日图》《世界》等。主要论著有《东窗笔录》《重归不似之似》《回到单纯》《人的艺术和艺术的人》《水墨人物画教材》等；出版画集画册10余种。

曾获全国优秀教师和国家有突出贡献的中青年专家荣誉称号。

冯远在创作

2016年12月，冯远在上海大学上海美术学院成立大会上讲话

戎国强，1962年生，江苏丹阳人。中欧工商管理学院EMBA。

1989年，毕业于上海大学工学院计算机及应用专业。

2000年后，历任上海市电信公司总工程师助理，上海市信息产业有限公司副总经理，上海市信息产业（集团）有限公司副总裁，中国电信集团公司互联网增值业务部合作营销处处长，中国电信上海公司市场部副经理、增值业务部副经理。2010年，任上海锦诺科技信息有限公司总裁。2012年，任华为消费者BG终端云总裁。2014年，任华为荣耀副总裁。2015年后，历任平安集团信息安全总监、首席信息官办公室主任、平安科技副董事长、深圳平安讯科技术有限公司董事长、深圳平安通信科技有限公司董事长。2018年，任中国太平洋保险集团公司首席科技官。

2017年12月，戎国强在"WISE2017新商业大会"上演讲

2016年11月，戎国强在第五届平安3A FORUM技术论坛上演讲

匡定波，1930年生，江苏无锡人。红外与遥感技术专家，中国科学院院士。

1995—2018年，受聘为上海大学双聘院士，任上海大学通信与信息工程学院院长。

1952年，毕业于上海交通大学物理系，后到华东师范大学物理系任助教、讲师。1960年，在中国科学院上海电子学研究所从事水声和红外技术应用研究，任讲师、副研究员。1962年，调入中国科学院上海技术物理研究所，从事红外与遥感技术研究，任副研究员、研究员、博士生导师、室主任、副所长、所长等职；兼任《红外与毫米波学报》编委、副主编，《光学学报》编委。1986—1991年，任中国科学院上海技术物理研究所所长。1991年，当选为中国科学院学部委员（院士）。

作为我国极轨气象卫星风云一号甚高分辨率扫描辐射计主任设计师，于1992年获中国科学院科技进步奖特等奖和1993年国家科技进步奖一等奖；因研制静止气象卫星多通道扫描辐射计水汽通道，于1990年获中国科学院科技进步奖二等奖；因研制空间遥感探测器红外辐射定标系统，于1999年获上海市科技进步奖一等奖。1956年，获全国先进教育工作者称号；1988年，获全国五一劳动奖章；1993年，获光华科技特等奖；1996年，获何梁何利基金科学与技术成就奖、国家高技术计划先进工作者一等奖。为上海市第八至第十届人民代表大会代表。

20世纪80年代，匡定波在中国科学院上海技术物理研究所所长办公室

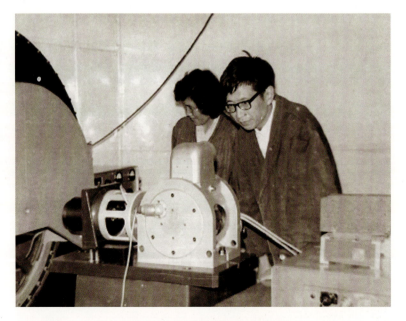

20世纪60年代，匡定波在实验室研制红外地平仪

匡定波寄语：为航天事业添砖加瓦

匡定波工作照

匡定波在上海大学通信与信息工程学院学科发展咨询研讨会上演讲

吉永华，1955年生，江苏南京人。中国民盟成员。博士。教授。

2004年起，任上海大学生命科学学院教授、副院长。

1978年，毕业于中国科技大学二系分子生物学专业。1979年起，历任中国科学院上海生理研究所研究员、博士生导师、研究所学术委员会副主任、研究所工会主席，中国科学院上海生命科学研究院工会副主席。1987年，在法国马赛北区医学院生化实验室学习进修。1994年，获日本静冈县立大学药学论文博士学位。1997年，在日本静冈县立大学药学部任日本学术振兴会（JSPS）特别研究员。2002年后，历任中国科学院上海生命科学院神经生物学重点实验室主任、中国科学院神经生物学重点实验室学术委员会委员、中国科学院分子细胞生物学重点实验室第二届学术委员会委员，兼任中国神经科学学会秘书长、中国生物物理学会常务理事、《生理学报》副主编、复旦大学神经医学国家重点实验室学术委员会委员。

1995年，获首届上海市自然科学牡丹奖，同时被上海市科委授予"牡丹优秀科学家"荣誉称号；1996年，获评首批上海市优秀学科带头人，获第三届国家杰出青年基金；1998年，获首届明治乳业生命科学奖。为上海市政协第九届委员会委员，中国人民政治协商会议第十届全国委员会委员，上海市总工会第十届委员会委员，中华全国总工会第十四届执行委员会委员，中国民主同盟上海市第十二届委员会常务委员、副主委，中国民主同盟中国科学院上海分院委员会主委。

2018年7月，吉永华在上海"人类健康与食品安全"研究生暑期学校开学典礼上作专题报告

吉永华在做实验

毕清华，1931年生，广东广州人。研究员。

1986年，调入上海科学技术大学，曾任科研处处长。

1955年，毕业于中南工业大学冶金系。1960年，在苏联科学院巴尔科夫冶金研究所获技术科学副博士学位，并从事金属冶炼与金属材料研究。主要论文有《TiFez-V系状态图》(《苏联科学院技术科学部通讯》1959年第6期)、《Ti-V-TiFe三元系状态图》(《苏联科学院无机化学杂志》1960年第5卷第4册)等，主要著、译有《金属盥实际操作指南》《钚冶金及加工》等。

1988年，"氘氚化锂制造技术"获国家发明奖二等奖。

毕清华（站立者）在上海科学技术大学实验室

吕仲涛，1965年生，安徽安庆人。中共党员。中欧工商管理学院EMBA。研究员。高级工程师。

1987年，毕业于上海科学技术大学计算机软件专业。

1987年后，历任中国工商银行上海分行技术保障处处长，中国工商银行信息科技部总工程师、副总经理。2010年，任中国工商银行软件开发中心总经理。2014年，任中国工商银行信息科技部总经理。2018年，任中国工商银行信息科技业务总监。2020年，任中国工商银行首席技术官。

1995年、1997年，获评上海市劳动模范；1998年，获全国五一劳动奖章；2000年，获评全国劳动模范，获全国金融五四青年奖章。

2017年1月，吕仲涛在首届中国金融科技创新大会上发言

朱旭东，1967年生，上海人。中国民建成员。上海交通大学安泰经济与管理学院EMBA。

1990年，本科毕业于上海工业大学电机工程系电机专业。现任上海大学校友会副会长。2018年，与校友周忻共同在上海大学设立"易居校长基金"，获上海大学"杰出校友"荣誉。

1990年毕业后，就职于上海电力工业局供电器材公司。1992年，入职美国通用食品有限公司上海公司，负责市场营销工作。1994年，投身房地产行业。2000年，与校友周忻联合创立"易居中国"，并于2007年在美国纽交所IPO，成为中国首家在海外上市的房地产全产业链服务企业。2003年，获上海交通大学安泰经济与管理学院EMBA学位。2018年，与俞挺携手创办"FA青年建筑师奖"，发现并培养40岁以下的华人年轻建筑师，致力于用设计的力量振兴乡村。为易居乐农董事长，中国物业管理协会名誉副会长，中国物业管理协会乡村振兴协作专门委员会主任，上海市公共关系协会副会长。

2020年2月，上海大学党委书记成旦红（右）接受朱旭东（左）、周忻向上海大学捐赠防疫物资

2020年9月，朱旭东接受新华网"中国企业家说"高端访谈

朱勤皓，1963年生，江苏张家港人。中共党员。副教授。

1984年后，历任上海工业大学教务处干部、经济管理学院团委书记、学生科副科长、计算机系党总支副书记，上海大学计算机学院党委副书记。1994年后，曾任上海大学团委书记。

1995年后，历任共青团上海市委学校部部长，上海市学生联合会秘书长，共青团上海市委常委、组织部部长，市青联常委，中共宝山区委常委、组织部部长、区委党校校长，卢湾区委常委、副区长、区委政法委副书记、区行政学院院长，杨浦区委副书记，上海市民政局局长、党组书记，上海市社会组织管理局局长。2021年后，任上海市虹口区人大常委会主任、党组书记。

为中共上海市第十一届委员会委员，上海市第十五届人民代表大会代表。

2018年4月，朱勤皓做客"2018上海民生访谈"

2022年2月，朱勤皓在虹口区"一府一委两院"负责人联席会议上

朱锡仁（1942—2017），上海人。中共党员。

1960年，毕业于上海第二科学技术学校计算技术专业并留校任教。1994年后，任上海大学影视艺术技术学院影视工程系教师，直至退休。

1989年，获全国优秀教师称号，上海市高校优秀教学成果奖；1991年，获上海市高校实验室先进个人，全国高等学校实验室先进工作者；1992年，编著的《电路测试技术与仪器》获上海市高校优秀教材荣誉奖。

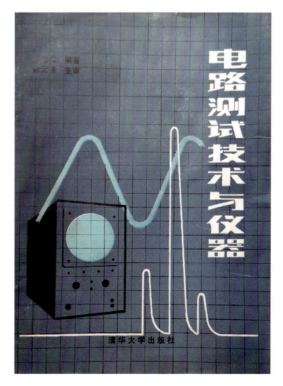

朱锡仁编著《电路测试技术与仪器》书影

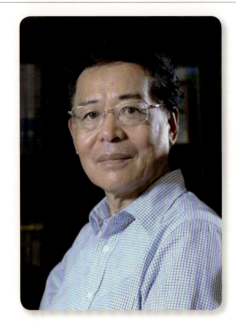

庄松林，1940年生，江苏溧阳人。博士。光学工程和光电子学专家，中国工程院院士。

1999年，受聘为上海大学双聘院士，任上海大学机电工程与自动化学院院长，2011年改任名誉院长。

1962年，毕业于复旦大学物理系。1979年，赴美国做访问研究。1982年，获美国宾州大学哲学博士学位。曾任上海光学仪器研究所所长、上海激光技术研究所名誉所长、上海理工大学仪器仪表学院院长，兼任国际光学工程学会和美国光学学会资深会员、中国光学学会常务理事。长期从事应用光学、光学工程和光电子学的研究，是国内率先开发光学系统CAD的研究者，主持完成了国内最大的光学仪器设计软件系统，被誉为"现代白光信息处理的主要贡献者之一"。在复物体的位相恢复研究中提出多种光学方法，开创了该领域研究的新方向。所研制的CDSE液晶光阀达到了当时国际先进水平。在梯度（变）折射率材料及其应用、光栅衍射矢量模态理论和高速光学模数变换等研究中都有突出成果，多次获部级科技进步奖及多项荣誉奖。在国内外刊物发表论文近一百篇。著有《光学传递函数》等著作。

1984年，获国家有突出贡献中青年专家荣誉称号；1985年、1987年，获上海市劳动模范荣誉称号；1989年，获上海市科技精英提名奖；1991年，获优秀突出贡献回国人员荣誉证书；2016年，获上海市优秀共产党员、市教卫工作党委系统优秀共产党员、师德标兵荣誉称号；2018年，获上海市教育功臣荣誉称号。

庄松林（中）与团队成员在实验室进行科学研究

2009年，庄松林为上海大学机电工程与自动化学院应届毕业生颁发毕业证书

庄松林作学术演讲

2020年5月，庄松林（中）在上海瀚海检测技术股份有限公司中国工程院庄松林院士工作站揭牌仪式上

庄松林（中）在上海大学机电工程与自动化学院与学生交流

刘人怀，1940年生，四川成都人。中共党员。板壳结构分析与应用专家，管理学专家，中国工程院院士。

1986—1991年，任上海工业大学副校长兼经济管理学院院长、教授。1990年起，兼任上海工业大学固体力学专业博士生导师。2020年，聘为上海大学双聘院士，任上海大学管理学院名誉院长。

1963年，毕业于兰州大学数学力学系。1981年，作为我国第一批洪堡学者留学德国。曾先后在兰州大学、中国科学技术大学、上海工业大学任教。1995—2005年，历任暨南大学校长、党委书记兼校长。2006年后，任澳门科技大学常务副校长。1999年，当选为中国工程院机械与运载学部院士。2000年，当选为工程管理学部首批院士。曾任教育部高等学校力学学科教学指导委员会主任、教育部科技委员会管理学部主任、中国振动工程学会理事长、中国力学学会副理事长、中国复合材料学会副理事长、全国高等学校教学研究会副理事长。现任杭州电子科技大学教授、创新与发展研究院院长，兼任暨南大学校董、教授、应用力学研究所所长、战略管理研究中心主任，中国工程院工程管理学部首席咨询专家、国家质量监督检验检疫总局标准化科学家、广东院士联合会会长。是我国板壳结构理论与应用研究开拓者之一和中国管理科学理论与应用方面的专家，在力学和管理学领域取得卓著成就。

1982年，获中国科学院科技成果二等奖；1989年，获国家教委科技进步奖二等奖；1994年、1998年，获国务院侨办科技进步奖一等奖；1997年，获广东省自然科学一等奖；2006年，获广东省科技进步奖（自然科学类）一等奖；1997年、2001年、2005年，获广东省教学成果一等奖；2005年，获国家教学成果二等奖。1989年，获评全国优秀归侨、侨眷知识分子荣誉称号；1990年，获国家有突出贡献中青年专家荣誉称号；1998年，获国务院侨办优秀教师荣誉称号；1999年，获广东省南粤教书育人优秀教师荣誉称号；2000年，获广东省劳动模范称号；2001年，获日本创价大学最高荣誉奖；2005年，获香港理工大学杰出中国访问学人称号。

刘人怀（左二）在上海市应用数学和力学研究所指导学生

刘人怀工作照

2002年，刘人怀（右）作为上海市政府聘请的专家，参加上海大学"十五""211工程"建设项目可行性论证

任忠鸣，1958年生，辽宁东沟人。中国致公党成员。博士。教授。

1994年，进入上海大学冶金工程学科博士后科研流动站，出站后留校。现任上海大学省部共建高品质特殊钢冶金与制备国家重点实验室主任。

1978—1988年，在大连工学院（现大连理工大学）获学士、硕士、博士学位。1985—1994年，任大连理工大学讲师、副教授。入选国家"首批新世纪百千万人才工程"，教育部"长江学者"特聘教授。主持完成多项国家重点基础研究项目和国家自然科学基金项目。

曾获上海市高校优秀青年教师奖、宝钢优秀教师奖。2000年，获上海市科技进步奖三等奖；2021年，获上海市自然科学奖一等奖。曾任中国致公党上海市委副主委、上海市闸北区委主委，为上海市第十、第十一、第十二届政协委员，第十五届人大常委会委员。

任忠鸣工作照

任忠鸣（中）领衔的上海大学"先进钢铁材料技术国家工程研究中心南方实验基地"团队合影

刘卫国，1955年生，江苏无锡人。中共党员。
上海大学在职研究生班毕业。
曾任中共上海市委副秘书长，市委第三巡视组组长等职。
为第十二届全国人民代表大会代表。

2014年3月，刘卫国在第十二届全国人民代表大会第二次会议上海代表团全体会议上发言

刘元方，1931年生，浙江镇海人。中共党员。核化学与放射化学家，中国科学院院士。

2006年，受聘为上海大学双聘院士，在上海大学环境与化学工程学院牵头组建纳米化学与生物学研究所并任所长。

1952年，毕业于燕京大学，毕业后一直在北京大学任教，是北京大学化学与分子工程学院化学生物学系教授。

1980—1981年，在美国Lawerance Berkeley国家实验室进修，师从诺贝尔奖获得者G. T. Seaborg教授。1987—1988年，作为访问教授在瑞士Paul Scherrer研究所工作。1991年，当选为中国科学院学部委员（院士）。曾任中国核化学与放射化学学会理事长、国际化学联合会（IUPAC）放射化学和核技术委员会主席、中国科学院化学学部副主任。为创立和建设我国第一个放射化学专业作出了重要贡献。1960年，领导建成了我国第一台5万转/分的浓集235U的雏型气体离心机；利用超铀元素重离子核反应首次直接制得251Bk，解决了从几十种元素中快速分离纯Bk的难题，重制了251Bk的衰变纲图等。1994年以来，在生物—加速器质谱学研究中作出了优良成果，研究了尼古丁、MTBE、丙烯酰胺等分子的基因毒性；2001年以来，积极从事纳米材料的生物效应研究。在 *Phys. Rev. C*，*Nucl. Phys. A*，*Nature Nanotechnology*，*Radiocarbon*，*Carbon* 等杂志上发表论文160篇，出版专著《放射化学》《核化学与放射化学》等。

1986年，获国家教委科技进步奖一等奖。

《刘元方文集》书影

2009年，刘元方（左一）在上海大学举办的国际学术会议上作报告

刘达临，1932年生于上海。教授。

1982年起，任复旦大学分校及之后的上海大学《社会》杂志编辑、副主编，上海大学文学院教授。

1953年，毕业于北京大学新闻系。1951年参军，后获中尉军衔，1969年复员。1988年，任上海性学研究中心主任，创办《性教育》杂志。为中华性文化博物馆馆长。曾四次当选亚洲性学联合会副主席，并于1994年8月召开的第五届柏林国际性学大会上获国际性学最高奖——赫希菲尔德国际性学大奖。

2015年3月，刘达临在纪录片《马赛克里的中国》首发式上发言

刘宇陆，1959年生，上海人。中共党员。博士。教授。

1988—1992年，在上海工业大学上海市应用数学和力学研究所力学专业攻读博士学位，后留校任教。曾任上海市应用数学和力学研究所副所长，上海工业大学建筑工程学院党委副书记，上海大学理学院副院长，上海大学研究生部主任，上海大学党委办公室、校长办公室主任。

1978—1984年，在上海交通大学攻读学士、硕士学位。曾赴美国加州伯克利大学做高级访问学者。2005—2020年，历任上海应用技术学院副校长、校长、党委书记。从事流体力学理论与应用研究，在湍流理论、环境流体力学等方面取得显著成果。

1996年，入选全国百千万工程百人计划；1998年，获国家有突出贡献中青年专家荣誉称号。曾获上海市科技进步奖三等奖、国家教育部科技进步奖三等奖和上海市新长征突击手、教育部优秀骨干教师、上海市优秀青年教师等荣誉称号。所编写教材《湍流理论》获上海市优秀教材二等奖。为上海市政协委员。

2019年1月，刘宇陆接受新华网采访

刘芳（1915—1998），安徽安庆人。中共党员。

1959—1973年，历任上海科学技术大学副校长、党委副书记（主持工作）、党委书记。

1937年，参加安徽省民众抗敌后援会流动工作队，从事群众动员工作。历任皖西救亡工作团及安徽省动员委员会直属十九、二十工作团团员、团长，中共鄂豫皖边区党委妇委会常委，省动员委员会妇女工作委员会常委兼省军政人员训练班政治教官、妇女组政治指导员，和含县委委员兼组织部部长、宣传部部长，苏皖边区政府各县联中教导主任，巢无县委委员兼宣传部部长、民运部部长，无为县总队部政治处主任，皖江各县联合中学党支部书记、校长，山东大学附属中学党团书记、副校长等职，为苏皖边区根据地第一位女性中学校长。中华人民共和国成立后，历任上海军管会公用事业管理处驻英商煤气公司军事联络员，华东军政委员会教育部普通学校教育处副处长、师范教育处副处长，华东教育局办公室主任，上海师范专科学校校长、党总支书记，上海第二师范学院党委书记、副院长，上海市科委副秘书长等职。1972年，任上海市教育局党委书记兼革委会主任。1977年后，任上海市政府教育卫生办公室副主任、党组成员。1983年离休。

1959年，刘芳在上海科学技术大学和专家们讨论学校筹建工作

20世纪60年代初，刘芳在上海科学技术大学和学生们在一起

刘宏葆，1964年生，河南光山人。中共党员。博士。

2008年，获上海大学材料学专业工学博士学位。

1986年，获河南大学理学学士学位。1994年，获浙江大学哲学硕士学位。1994年后，曾任华南理工大学社会科学系讲师兼广东省香江集团有限公司总经理助理、香江广场总经理。1998年后，历任广州市政府研究室综合处主任科员，广州市白云区科技局局长、党组书记，广东省佛山市禅城区委常委、常务副区长，佛山市高新技术产业区党委书记、管委会主任，佛山市发展改革局党组书记、局长，佛山市政府党组成员、市长助理，佛山市禅城区委书记、区人民代表大会常委会主任。2011年后，历任四川省德阳市委常委、常务副市长，成都市委常委、副市长，四川省林业厅厅长、党组书记，四川省林业和草原局局长、党组书记兼省自然资源厅副厅长、党组副书记，大熊猫国家公园四川省管理局局长。现任中共四川省供销合作社联合社党组书记。

为中共四川省第十二次代表大会代表，四川省政协第十二届委员会委员。

2019年9月，刘宏葆在中国（四川）大熊猫国际生态旅游节开幕式上讲话

2021年2月，刘宏葆赴凉山彝族自治州检查督导森林草原防火工作

刘建影，1960年生于上海，祖籍山东，瑞典籍。瑞典皇家工程科学院院士。

2004年起，在上海大学任教育部新型显示技术及应用集成重点实验室主任。

1984年、1989年，在瑞典皇家理工学院材料系分别获硕士学位、博士学位。1998—1999年，任瑞典国家生产工艺研究所项目统筹人、项目经理。1999年起，在瑞典查尔姆斯理工大学先后任教授、系主任。2000—2004年，任瑞典国家生产工艺研究所电子部部长。2005年，当选为国际电气电子工程师协会院士。1996—2010年，任北京科技大学、香港城市大学、中南大学、东京大学、上海交通大学的客座教授或兼职教授。2007年，任教育部"长江学者"特聘教授。长期致力于电子封装技术研究，包括系统级封装技术、封装设计及可靠性分析、纳米材料与技术在微系统中的应用等方向的研究，特别是界面散热材料、基于CNT的前沿封装技术，导电胶、无铅焊和绿色基板的多种互连和封装材料，新型高密度器件的封装工艺和可靠性研究及其在电子封装领域的应用。

1995年，获美国表面封装国际会议最佳国际论文奖；1996年，获美国 IEEE CPMT 学报先进封装领域最佳论文奖；2000年，获《焊料和表面封装技术》杂志最佳论文推荐奖；2002年，获美国第三届电子器件与技术会议（ECTC），IEEE CPMT "特别总统鼓励奖"；2004年，获美国电器电子工程师学院器件和封装分院"特殊技术成就奖"；2006年，获上海市政府"白玉兰纪念奖"，日本IEEE国际学术研讨会ICEP"最佳论文奖"；2010年，获上海市华侨华人专业人士"杰出创业奖"。

2016年12月，刘建影在导热石墨烯项目投资协议签约仪式暨刘建影院士成果报告会上发言

2019年12月，刘建影在"芯科技·芯时代"大湾区半导体领域大板级扇出型国际研讨会上发言

刘晓明，1950年生，浙江宁波人。中共党员。副研究员。

1982年，毕业于上海工业大学基础部应用数学专业，获理学学士学位。1982—1987年，任上海工业大学数学教研室教师、校长办公室秘书。1987年后，历任上海工业大学校长办公室副主任、全国政协副主席专职秘书，上海大学校长办公室副主任、全国政协副主席专职秘书，上海大学校长助理。

2000年后，历任上海市政府办公厅副主任，上海市静安区政协第十二届委员会主席、党组书记。

1993年，刘晓明（左一）在上海工业大学和钱伟长夫妇等合影

2002年，刘晓明到上海大学看望钱伟长校长

刘高联（1931—2008），江西奉新人。工程热物理和流体力学家，中国科学院院士。1993年起，任上海工业大学及之后的上海大学上海市应用数学与力学研究所教授、博士生导师。2006年，受聘为上海大学终身教授。

1950年，考入同济大学机械系；1952年，因院系调整进入交通大学机械制造系学习。1953年，在哈尔滨工业大学研究生班涡轮机专业学习，1957年毕业后分配至中国科学院动力研究室，师从吴仲华院士从事叶轮机气动力学理论研究。1957—1979年，历任中国科学院力学研究所实习研究员、助理研究员、副研究员。1979—1993年，历任上海机械学院动力工程系教授、博士生导师、研究室主任。1999年，当选为中国科学院院士。长期从事叶轮机气动理论和流体力学的研究。在吴仲华的叶轮机三维流动理论基础上，建立了以变分理论为骨干的新理论体系，提出了流体力学变分原理的建立和变换的系统性途径，首次建立了叶轮机三维流动正命题、反命题及杂交命题的变分原理及广义变分原理族。同最优控制论结合，创立了三维叶栅和流道的优化设计理论。发展了可自动捕获各种未知界面的变域变分理论和广义有限元法。提出了一系列流体力学新通用函数，开拓了三维流动反－杂交命题的映象空间通用理论及解法。重点开辟非定常气动力学反命题、多工况点流体力学反命题以及气动－热－弹性耦合理论等新方向。曾任上海市非线性科学研究会理事长，中国航空学会专家会员，中国力学学会、中国工程热物理学会、中国动力工程学会、国际非线性分析学者联合会（IFNA）、美国机械工程学会（ASME）和德国应用数学和力学学会（GAMM）会员，上海交通大学动力机械教育部重点实验室学术委员。

1978年，获中国科学院重大科研成果奖；1979年、1983年，获评上海市劳动模范；1982年、1985年，获机械工业部科技成果一等奖；1984年，获评国家有突出贡献中青年专家；1987年，获国家自然科学奖二等奖；1989年，获全国劳动模范称号。

刘高联在上海市应用数学和力学研究所指导学生

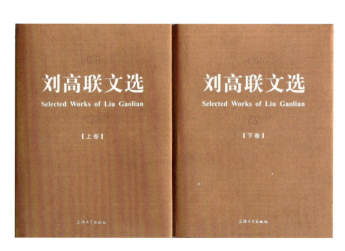

《刘高联文选》（上下卷）书影

2000年，刘高联在上海市应用数学和力学研究所

刘源张（1925—2014），生于山东青岛，祖籍安徽六安。中国全面质量管理学科领域的开创者和奠基人，中国工程院院士。

2005—2010年，受聘为上海大学双聘院士，任上海大学国际工商与管理学院院长。

1949年，毕业于日本京都大学。1950年，进入美国加利福尼亚大学伯克利分校研究生院，专攻运筹学，1955年毕业。1956年，回国后应钱学森之邀，进入中国科学院力学研究所运筹学研究室工作，建立了中国第一个质量管理研究组，历任中国科学院力学研究所副研究员、数学研究所研究员、系统科学研究所研究员兼副所长、数学与系统科学研究院研究员。1979年，促成建立中国质量管理协会并在全国范围内推行质量管理工作。长期致力于质量管理和质量工程的研究与应用，在理论和实践上为中国的质量管理研究以及提高中国工业企业的产品质量和工程质量等作出了非常杰出的贡献。1984年，被美国质量管理学会提名为国际质量科学院院士。1989—1992年，任亚太质量质量管理组织主席。1995年，当选为国际质量科学院院士。2001年，当选为中国工程院院士。

1979年，获全国劳动模范称号；1980年，获中国科学院重大科研成果一等奖；1989年，获中国质量管理协会在推行中国质量管理十周年纪念会上赠送的"质量杯"；2009年，获首届管理科学特殊贡献奖；2013年，获首届中国质量奖。

2005年，刘源张在上海大学国际工商与管理学院讲学

2009年1月，刘源张获管理科学特殊贡献奖

刘源张题词

2013年12月，刘源张获首届中国质量奖

刘钰铭，1928年生，陕西汉阴人。教授。

1984年，入职上海科学技术大学。曾任上海科学技术大学射线应用研究所副所长。

1955年，毕业于大连工学院化工系无机专业。1956—1984年，在化工部沈阳综合化工研究所、上海化工研究院工作，历任工程师、副教授、教授。为中国辐射研究与工艺学会理事、上海市核学会理事。

1985年，获上海市优秀新产品二等奖；1986年，获上海市科技进步奖三等奖、上海科技大学科技成果一等奖；1987年，获南斯拉夫国际博览会优秀产品荣誉奖、第三届全国发明展览会银牌奖；1988年，获国家发明奖二等奖。

刘钰铭（中）在上海科学技术大学实验室

闫立，1954年生，吉林长春人。博士。研究员。

2001年起，任上海大学社会学专业博士生导师。

2002年，获吉林大学法学院博士学位。曾赴香港城市大学法学院、巴黎第二大学任访问教授。曾任上海政法学院副院长、校学术委员会副主任、教授、博士生导师，教育部全国高职高专教育法律类教学指导委员会委员，中国犯罪学研究会副会长、预防犯罪专业委员会主任委员，中国刑法学研究会理事，上海市法学会常务理事，上海市刑法学研究会副会长，上海市警察学会副会长，上海市信访学会副会长，上海市监狱学会副会长，上海市政协社会法制委员会委员。

曾获中国犯罪学研究会、中国青少年犯罪研究会优秀成果一等奖、吉林省青年研究优秀成果一等奖、上海市邓小平理论研究和宣传优秀成果奖、上海市优秀教学成果二等奖、中国法学会"马克昌"杯全国优秀刑法论文三等奖、全国刑法学优秀学术著作奖一等奖、上海市哲学社会科学优秀成果奖三等奖、"中国青少年犯罪研究十年优秀成果"二等奖、"吉林省青年研究优秀成果"一等奖、吉林省"八五"招标项目优秀成果奖二等奖等奖项。2004年，获上海市育才奖；2006年，获上海市高等学校教学名师荣誉称号。

2011年10月，闫立（右）做客东方网嘉宾聊天室

2021年3月，闫立在华东政法大学法学院演讲

江建中,1939年生,江苏常熟人。博士。教授。

1966年起,在上海工学院从事教学与科研工作,曾任上海工学院电机系教授,上海工业大学国际交流学院院长,上海大学自动化学院院长、校学术委员会副主任、特种电机及其控制研究室主任。

1962年,毕业于上海交通大学电机系。1966年,获上海交通大学电机系硕士学位。1988年,获联邦德国不伦瑞克工业大学博士学位。在直线电机、磁性悬浮技术、横磁场电机、电动车用高功率密度永磁电机及其控制系统、电机电磁场计算等方面有重要学术贡献。

1979年,获上海市重大科技成果奖三等奖;1980年,获上海市重大科技成果奖二等奖;1985年,获国家科技进步奖二等奖。1979年,获上海市劳动模范、上海市科技先进工作者、国家有突出贡献中青年专家等荣誉称号。为第八至第十届全国人民代表大会代表。

江建中(左一)在上海工业大学实验室

江宪，1954年生，浙江嘉兴人。中国民建成员。

1982年，毕业于复旦大学分校法律专业。后于复旦大学法学院外国法制史专业获法学硕士学位。

1989年起，从事律师工作，擅长民事诉讼代理。曾任中华全国律师协会金融证券委员会副主任委员，上海市律师协会公司法委员会主任委员，华东政法大学、上海交通大学客座教授。为中国国际经济贸易仲裁委员会、上海国际仲裁院仲裁员、上海体育舞蹈协会会长、上海市消费者权益保护基金会监事。现任上海市联合律师事务所主任、创始合伙人。2007年，获评上海首届"东方大律师"。

2003年，获上海司法行政系统先进个人荣誉称号；2004年，获上海市统一战线先进个人、上海市律师协会上海市优秀民事代理律师荣誉称号；2005年，获中华全国律师协会全国优秀律师荣誉称号；2006年，获上海市消费者权益保护委员会维权二十年"3·15"银质奖章、上海市司法局司法行政系统先进个人。为民建上海市委律师委员会主任，上海市第十一、第十二届政协委员。

2021年12月，江宪（右）作为市消保委委员做客《海波热线》

安来顺，1962年生，天津人。博士。教授。

2019年以来，任上海大学文学院教授、博士生导师。现任上海大学文化遗产与信息管理学院教授。

1984年，毕业于南开大学历史系博物馆专业。1991—1992年，为荷兰阿姆斯特丹艺术学院博物馆学系进修访问学者、硕士研究生。2005年，获南开大学历史学博士学位。1984—2000年，历任《中国博物馆》杂志助理编辑、编辑、副编审，中国博物馆学会副秘书长。2002—2010年，历任全国农业展览馆事业发展部副主任、主任、副研究馆员、研究馆员，国际友谊博物馆副馆长、研究馆员，国际博协博物馆学委员会副主席、跨文化事务委员会委员。2010年，在国际博协第22届大会上当选为国际博协执行委员会委员，为来自亚太地区的唯一执委。主要从事文化遗产、博物馆学及相关领域的研究，已在国内外重要学术刊物上发表论文百余篇。为中国博物馆协会副理事长兼秘书长，国际博物馆协会副主席，《中国博物馆》杂志主编，《中国大百科全书》博物馆学科主编，浙江自然博物院理事长，复旦大学、浙江大学兼职教授。主持国家和省部级课题10余项，主编或联合主编博物馆专著7部，策划主持编辑和翻译博物馆专著2部。

为中国人民政治协商会议第十三届全国委员会文化文史和学习委员会委员。

2020年12月，安来顺（右二）等为国际博物馆协会国际博物馆研究与交流中心揭牌

安来顺参加2022年国际博物馆协会布拉格大会

许杰，1963年生，祖籍江苏江宁，美国籍。博士。美国艺术与科学院院士。

1983年，毕业于上海大学中文系。

1983年，任上海博物馆馆长秘书。1990—1995年，获美国普林斯顿大学中国早期艺术考古硕士、博士学位。先后在纽约大都会艺术博物馆的亚洲艺术馆部、西雅图艺术博物馆中国艺术部、芝加哥艺术博物馆亚洲艺术部工作。2001年，策划"千古遗珍：四川出土文物精品展"，在美国西雅图、纽约、德州沃斯堡与加拿大多伦多等地展出。之后主持策划了多项大型中国文物展在美展出。2008年，获聘旧金山亚洲艺术博物馆馆长。2015年，当选为美国艺术与科学院院士。2018年，任美国艺术与科学院艺术委员会委员。2019年，兼任美国学术与文化研究权威组织泰拉美国艺术基金会董事。为北美艺术博物馆馆长协会会员、普林斯顿大学艺术考古系顾问委员会委员、哈佛大学艺术博物馆访问委员会委员、伯克利加州大学唐氏丝绸之路研究中心顾问委员会委员、清华大学艺术博物馆方闻中国艺术史与考古研究中心学术总监、上海博物馆理事会首届理事、成都博物馆学术委员会委员、山西博物院《文物季刊》编委会委员。

2018年11月，许杰在国际美术教育大会美术馆论坛上演讲

孙晋良，1946年生，上海人。中共党员。纺织材料及复合材料专家，中国工程院院士。

1968年，毕业于上海科学技术大学化学系有机化学专业。2000年，任上海大学材料科学与工程学院教授、博士生导师，上海大学复合材料研究中心主任，上海大学纳米科学与技术研究中心主任。2009年，受聘为上海大学终身教授。

1974年，进入上海市纺织科学研究院工作，历任助理工程师、研究室副主任、主任、副院长、教授级高工。1997年，当选为中国工程院院士。主要从事材料科学、复合材料的研究，包括碳/碳复合材料、碳/碳复合材料的开发应用及特种纺织材料。为我国航天、航空和军工单位研制提供多种应用于固体火箭发动机喷管系统及防热系统的各类骨架材料和碳/碳复合材料。2006年，领衔的材料技术领域优秀集体作为上海地区唯一选送申报国家国防科工委创新团队。2012年9月，中国载人航天工程办公室和中国航天科技集团公司给上海大学复合材料研究中心发来奖励证书，表彰该中心为"神舟八号"与"天宫一号"成功交会对接以及首次载人交会对接任务作出的贡献。2013年，为"神舟十号"和"天宫一号"载人飞行承担关键材料的配套任务，为国家航天事业作出更大贡献。

1985年，获纺织工业部先进个人称号；1986年，获国家有突出贡献中青年专家荣誉称号；1988年，获国防科工委献身国防科技事业荣誉证章；1995年，获光华科技基金二等奖；2004年，获上海市优秀专业技术人才荣誉称号；2006年，获中央组织部等四部委授予的杰出专业技术人才荣誉称号；2008年，获第七届光华工程科技奖；2010年，获评上海市先进工作者；2012年，获全国五一劳动奖章；2015年，获评教育系统全国先进工作者；2018年，获评改革开放四十年纺织行业突出贡献人物。

 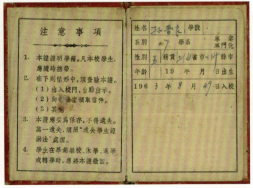

孙晋良在上海科学技术大学的学生证（第1—2面）

2004年，孙晋良在上海大学复合材料研究中心

2012年，孙晋良获全国五一劳动奖章

孙晋良与复合材料研究中心团队成员交流

严东生（1918—2016），生于上海，祖籍浙江杭州。中共党员。材料科学家，中国无机材料科学技术的奠基人和开拓者之一，中国科学院院士，中国工程院院士，美国纽约科学院院士，第三世界科学院院士，国际陶瓷科学院院士。

1959年，负责筹建上海科学技术大学硅酸盐化学与工学系并任系主任。1978年起，任上海科学技术大学副校长、校务委员会副主任委员。1984年，任上海科学技术大学名誉校长。1994年，任上海大学名誉校长。

1939年，获清华大学学士学位。1941年，获燕京大学硕士学位。1949年，获美国伊利诺大学陶瓷学专业博士学位。1950年回国，历任中科院冶陶所研究员，上海硅酸盐研究所副所长、所长。1980年，当选为中国科学院学部委员（院士）。1981年，任中国科学院副院长。1994年，当选为中国工程院首批院士。后任中科院特邀顾问、上海硅酸盐研究所名誉所长、中国化学会理事长等职。曾任国家发明奖评选委员会委员、国务院学位委员会委员、国务院科技领导小组成员，亚洲各国科学院联合会主席，国际陶瓷科学院创始董事，国际陶瓷学联合会执行理事，国际纯粹与应用化学联合会衔称会员。致力于材料科学研究事业，在高温材料制备科学与机理、多元氮化物与氧化物体系的热力学与动力学研究、高性能材料设计与微观调控以及陶瓷基复合材料研究等方面作出了开创性的工作。在高性能无机材料的基础研究和应用研究方面成绩卓著，是中国无机材料科学的奠基人。是精细陶瓷、纳米材料科学等国家重大研究项目的首席科学家，并与国外建立了广泛的研究合作关系。带领研制生产的锗酸铋（BGO）大单晶被欧洲核子中心选用，其质量、数量与性能均居世界第一。

1965年，获国家发明奖；1981年，获国家自然科学奖三等奖、国家发明奖一等奖；1982年，获国家自然科学奖；1996年，获何梁何利基金科学与技术成就奖。为中国人民政治协商会议第六、第七届全国委员会常务委员，中美友好协会副主席，欧美同学会副会长、名誉副会长。

1996年，严东生获何梁何利基金科学与技术成就奖

2015年，上海硅酸盐研究所领导庆祝严东生院士九十七华诞

杜家毫，1955年生于上海，浙江宁波人。中共党员。中欧国际工商学院MBA。高级经济师、高级政工师。

曾在上海大学在职研究生班学习。

1988年，毕业于华东师范大学中文专业，获文学学士学位。1995—1998年，在中央党校在职研究生班世界经济专业学习。2007年，毕业于中欧国际工商学院，获MBA。1973—1978年，历任上海市跃进农场副指导员、党支部副书记、党委委员、党委副书记、政治处副主任。1978—1992年，历任上海市农场局团委副书记、书记，科技处负责人，工会副主席，党委委员，党政办公室主任。1992—2003年，历任上海市松江县委副书记、书记、区委书记，上海市杨浦区区委书记。2003—2007年，历任上海市委副秘书长、常委，市政府党组成员、副秘书长、秘书长、办公厅主任，市孙中山宋庆龄文物管委会主任，浦东新区区委书记。2007—2013年，历任黑龙江省委常委、副书记、政法委书记，省政府常务副省长、党组副书记。2013—2020年，历任湖南省委副书记、书记，省政府党组书记、副省长、代理省长、省长，省人大常委会主任。2021年起，任第十三届全国人民代表大会财政经济委员会副主任委员。

为中国共产党第十八届中央委员会候补委员、第十九届中央委员，中央第十二督导组组长。

2020年8月，杜家毫在长沙调研民营企业

李天祥（1928—2020），河北景县人。油画家，美术教育家。

1985—1993年，任上海大学美术学院院长。

1946年，考入国立北平艺术专科学校（现中央美术学院）油画系，师从吴作人、徐悲鸿等大师，毕业后任研究生兼助教，1953年，赴苏联列宁格勒列宾美术学院油画系学习，毕业创作《儿童图书馆》获优秀毕业证书并获"美术家"称号，该作品收藏于苏联列宾美院博物馆。回国后，曾任中央美术学院油画系第二画室主任教授。为全国第四次美术家代表大会代表、全国美协理事、美协上海分会副会长、中华全国美学学会技术美学学会副会长、上海美术教育研究会会长。主要代表作品有巨幅油画《路漫漫》《山花烂漫时》《苏醒》《大森林》《穆桂英》《白桦林》《秋心似火》《曹雪芹旧居》《月色》《森林》《江岸惨案》《九寨飞瀑》《剪窗花》《长城晓雾》等。专著有《写生色彩学》《色彩学》《李天祥、赵友萍油画人像写生》《李天祥、赵友萍油画风景写生》《俄罗斯古典素描集》等。

李天祥、赵友萍合作油画《长征路》

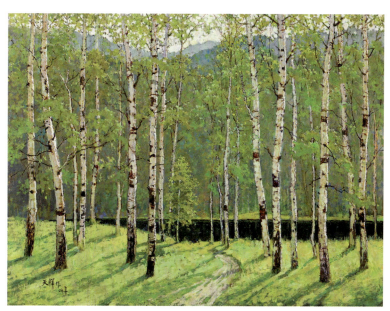

李天祥油画《新绿》

李三立（1935—2022），上海人。计算机专家，中国工程院院士。

1988年，任上海工业大学、上海科学技术大学合办的计算机学院院长。1994年后，历任上海大学计算机工程与科学学院院长、名誉院长。1995—2015年，受聘为上海大学双聘院士。

1955年，毕业于清华大学无线电系。1960年，获苏联科学院颁发的副博士学位后回国，在清华大学计算机科学技术系任教。为清华大学计算机科学与技术系教授、博士生导师，国家攀登计划项目首席科学家，国务院学位委员会计算机学科评审组召集人，《中国计算机百科全书》副主编，IEEE中国分部主席，欧洲计算机协会执行理事。1995年，当选为中国工程院院士。曾负责研制我国电子管、晶体管、集成电路和VLSI四代计算机，是我国计算机体系结构先进技术学术带头人。20世纪70年代，曾负责研制国防尖端的计算机系统724，负责研制加工"劈锥"的程控计算机系统102，使重要部件"劈锥"的工效提高数十倍，该项目使我国在该领域内进入当时国际先进行列，102系统获1978年科学大会奖。20世纪80年代，在微机、局部网络、RISC和并行处理领域都有学术成就和贡献，是国内微机局部网络和RISC技术的倡导者之一，在国际上首次提出"虚拟寄存器结构""多端口寄存器堆结构"和"以存储器为中心的快速互联机制MCIM"。20世纪90年代，担任国家攀登计划"高性能计算机"项目首席科学家，提倡和从事研究"集群式高性能计算机"，1999年在上海大学完成了具有220个CPU的"自强2000"集群式高性能计算机，为国内最早完成的少数两三台较大集群式高性能计算机之一，"自强2000"获2000年上海市科技进步奖一等奖。2001年，最早开展网格研究——"先进计算基础设施ACI"并通过部级验收与鉴定。2003年和2004年，分别负责研制成功超级计算机"深超21C"和"自强3000"，这两台超级计算机都进入国际上权威的超级计算机"世界500强"排行榜（第146名和第126名）。

出版专著11部，其中1部获国家教育委员会优秀学术著作特等奖，发表论文200余篇。曾获光华科技进步奖一等奖，获国家、省部级科技进步奖一、二等奖共七项。

2000年，李三立（中）在上海大学计算机工程与科学学院指导研究工作

2018年11月，时任上海大学计算机工程与科学学院院长郭毅可为老院长李三立（右）颁发"终身成就奖"

李友梅，1956年生，江苏人。中共党员。博士。教授。

1980—1988年，在复旦大学分校及之后的上海大学工作。1988—1994年，在巴黎政治研究院和法国国家科学研究中心组织社会学所留学并获博士学位。1994年，回上海大学文学院任教。1995年起，历任上海大学文学院社会学系教授、上海大学文学院副院长。2003—2016年，任上海大学副校长、党委副书记兼副校长。现任上海大学教授、中国社会科学院—上海市人民政府上海研究院第一副院长，中国社会学会第十届理事会会长。

1998年，获上海市哲学社会科学优秀论文二等奖；2001年，获教育部高校优秀青年教师奖；2004年，获上海市第七届哲学社会科学优秀成果内部探讨优秀成果奖；2004年，获华东地区大学出版社第六届优秀教材学术专著二等奖；2004年，获上海市第五届邓小平理论研究和宣传优秀成果奖论文类二等奖、上海市第七届哲学社会科学优秀成果论文类三等奖；2006年，获上海市高校教学名师奖；2006年，入选上海市领军人才。曾获法国政府颁发的法兰西金棕榈骑士勋章和上海市十大杰出职业女性、上海市三八红旗手等荣誉称号。

2003年，李友梅在上海大学主持学术会议

2006年，李友梅获法国政府颁发的法兰西金棕榈骑士勋章

李昕，1975年生，湖南衡阳人。中共党员。清华大学工商管理硕士，英国剑桥大学哲学硕士。

1992—1997年，就读于上海科学技术大学精密机械工程系精密仪器专业、上海大学经济管理学院科技外事专业。

1997年毕业后，在科技部（原国家科委）国际合作司工作，历任国际组织与会议处、综合计划处、美大处处长，二级巡视员等。2014—2015年，任驻泰国使馆一秘。2015—2019年，任驻美国使馆科技参赞。长期从事中美及多边科技合作工作，多次作为中国政府代表团成员出席联合国及其他国际组织就科技促进发展、气候变化、清洁能源等议题召开的国际会议及谈判。参与ITER、SKA等国际大科学工程谈判。现任科技部外国专家服务司副司长。

2021年4月，李昕一行至上海市研发公共服务平台管理中心（上海市科技人才发展中心、上海市外国人来华工作服务中心）调研

2020年11月，李昕在"天气气候变化与预测技术"学科创新引智基地揭牌仪式暨首届学术研讨会上演讲

李建林，1962年生，江苏盐城人。教授。男高音歌唱家，国家一级演员。现任上海大学音乐学院教授，硕士研究生导师。

曾就读于中央音乐学院声乐歌剧表演系和上海音乐学院周小燕国际歌剧中心，曾在美国纽约大都会歌剧院、匈牙利国家歌剧院、以色列音乐学院学习。获意大利歌剧学院歌剧演唱硕士和高级歌唱艺术家文凭。先后在国内外举办独唱音乐会数十场。1997年，在北京政协礼堂演出，受到李岚清、吴邦国等国家领导人接见。1999年，在美国学习期间，参加朱镕基总理访问美国的大型演出。2002年，在中南海举办的中国首届职工艺术节闭幕式上演出，受到李长春等国家领导人接见。2010年，在"东方讲坛"举办"谈美声唱法与国际接轨"声乐讲座。曾在歌剧《绣花女》《卡门》中担任男主角，在马来西亚演出的歌剧《女人心》中担任男主角，在意大利演出的歌剧《托斯卡》中担任男主角，在台北国家戏剧院演出的歌剧《拉美莫尔的露琪亚》中担任男主角，在香港举办的歌剧威尔第诞生200周年音乐会上担任独唱。已在《人民音乐》等核心刊物发表论文数十篇。

曾获"凯撒堡"杯全国高校音乐教育专业声乐比赛教师组一等奖、意大利第十一届拿波里国际声乐比赛第一大奖、威尼斯国际声乐比赛第二名（第一名空缺）、米兰国际声乐比赛第二名（第一名空缺）、威拉罗国际声乐比赛第三名、瓦格纳歌剧演唱特别奖等。

李建林在2018年"泮池之声"上海大学新年音乐会上领唱《祖国颂》

李栋，1971年生，上海人。中共党员。工商管理硕士。高级经济师。

1994年，毕业于上海大学半导体物理与器件专业。

曾任上海市对外服务有限公司业务部副经理、副总经理，世博集团会展传播事业总部副总经理，上海广告有限公司党委书记、总经理，上海东浩人力资源有限公司党委书记、总经理，上海市对外服务有限公司党委书记、董事长，上海东浩国际服务贸易集团有限公司总裁助理，上海东浩兰生国际服务贸易集团有限公司总裁助理，东浩兰生（集团）有限公司副总裁等职务。现任东浩兰生（集团）有限公司党委副书记、总裁，上海外服（集团）有限公司党委书记、董事长。

2021年7月，李栋在人力资源服务业高质量发展论坛上作主题演讲

2022年8月，李栋在2022世界人工智能大会倒计时30天暨合作伙伴发布会上

李珩（1898—1989），四川成都人。天文学家，中国现代天文事业的奠基人之一。1959年，负责筹建上海科学技术计算数学系并任系主任。

1922年，毕业于四川华西大学数学系。1933年，获法国巴黎大学博士学位。1933年回国，曾任山东大学、华西大学、四川大学教授，昆明凤凰山天文台、南京紫金山天文台研究员，中央研究院天文研究所研究员。1948—1949年，前往美国普林斯顿大学做访问学者。中华人民共和国成立后，长期从事天文学教学和研究工作，历任中国科学院上海徐家汇观象台、佘山观象台研究员、台长，上海天文台名誉台长。为中国天文学会第一至第三届副理事长。出版和发表《造父变量统计研究》《红巨星模型》等论著、《普通天体物理学》《天文学简史》《宇宙体系论》等译著及200多篇科普文章。

1984年，获全国科普协会创作荣誉奖。曾任上海市政协委员、常务委员。

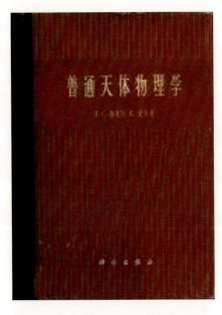
李珩译著《普通天体物理学》书影

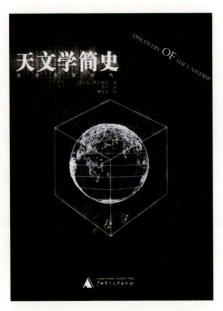
李珩译著《天文学简史》书影

李珩译著《宇宙体系论》书影

李晋昭，1962年生，浙江鄞县人。中共党员。复旦大学管理学院EMBA。工程师。1984年，毕业于上海科学技术大学精密机械系。

曾任上海长春电器仪表厂副厂长，上海银飞电器总厂副厂长，上海外高桥保税区新发展有限公司副总经理，上海外高桥保税区开发股份有限公司副总经理，上海外高桥保税区新发展有限公司党委书记、总经理。2013年后，历任上海陆家嘴（集团）有限公司党委副书记、总经理、党委书记，上海陆家嘴金融贸易区开发股份有限公司总经理，上海陆家嘴（集团）有限公司党委书记、董事长。

2000年，获评上海市劳动模范。

2020年9月，李晋昭在国资系统纪念浦东开发开放30周年活动上宣布陆家嘴集团在"十四五"期间的发展战略

2021年4月，李晋昭在前滩信德文化中心项目案名及业态规划发布会上发言

李梅，1950年生于上海，河南淮阳人。中共党员。硕士。高级政工师。

上海大学在职研究生班毕业，获工学硕士学位。

曾任共青团上海市委组织部部长、团市委副书记，中共上海市闸北区委常委、区纪委书记、副区长、区委副书记、区长、区委书记，上海市纪委副书记、市监察委主任。2009年起，任上海市浦东新区人大常委会主任、党组书记。现任上海市浦东新区人大工作研究会名誉会长。

2010年11月，李梅对老港镇垃圾处置场情况进行调研

2011年11月，李梅对区、镇两级人大换届选举工作进行调研

杨士宁，1959年生，上海人，美国籍。博士。

1981年，毕业于上海科学技术大学电子仪器及测量技术专业。2021年，受聘为上海大学微电子学院名誉教授。

1983年，赴美国伦斯勒理工学院学习，先后获物理学硕士学位、材料工程学博士学位。1987年，加入英特尔公司，专注研发工作十余年。2001年，任中芯国际集成电路制造有限公司技术开发与制造高级副总裁。2005年，加盟新加坡特许半导体，任首席技术官和高级运营副总裁。2013年，任武汉新芯集成电路制造有限公司首席执行官。2016年起，任长江存储科技有限责任公司首席执行官，带领团队实现了国产高端存储芯片零的突破，凭借其自主研发的Xtacking创新技术，国产3D NAND闪存芯片实现了从技术到产品的快速突破，赢得了全球客户的认可。新一代产品在速度、密度、容量方面创下三项世界纪录，使中国存储芯片首次达到国际领先水平。拥有专利40多项，发表技术论文30余篇。

2020年1月，杨士宁在长江存储市场合作伙伴年会上发言

2021年3月，杨士宁受聘为上海大学名誉教授

杨士法（1917—2010），河北宁河（今属天津市）人。中共党员。

1978—1984年，任上海科学技术大学校长。

1936年9月，入读北平大学农学院。1937年7月，赴山东抗日前线，历任中共临沂县委书记、鲁南特委统战部部长、鲁南四地委组织部部长、鲁南三地委代书记、鲁南一地委书记兼军分区政委、鲁中南区党委宣传部部长、临沂地委书记兼军分区政委。中华人民共和国成立后，历任中共上海市沪西区产业党委书记、上海市工业局局长兼党委书记、上海市委工业部部长兼杨浦区委第一书记、上海市劳动工资委员会主任兼市总工会党组书记、上海市委组织部部长兼市委监察委员会书记、上海第一钢铁厂党委书记、上海市机电二局党委书记兼革命委员会主任、上海市革命委员会工交组负责人、上海市科委主任兼党组书记、上海市革命委员会副主任、上海市委副书记、上海市副市长、上海市科委主任兼党组书记。

为第六届上海市政协副主席。

任上海市工业局局长时的杨士法（中）

杨秉烈（1931—2017），生于福建厦门。中国致公党成员。

1959年，毕业于华东政法学院法律系。1960年，上海工学院建立后，从上海交通大学调入，为上海工学院首批建校骨干、学校首位马克思主义哲学教师。

致力于研究绘图曲线规，是"繁花曲线规"的发明者。后又研究出有机玻璃彩印技术，共获得两项国家发明专利。

1979年，获国家科委颁发的国家发明奖。

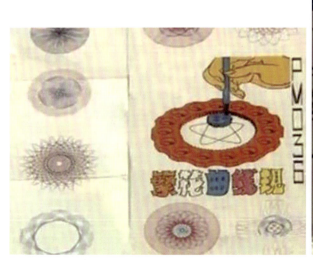
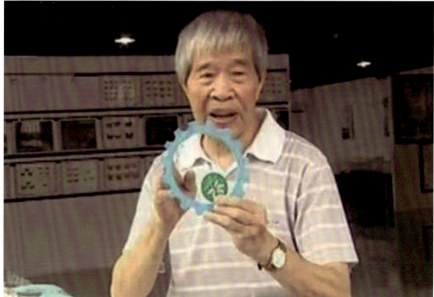

杨秉烈和他发明的"繁花曲线规"

杨雄里，1941年生于上海，祖籍浙江镇海。九三学社成员。神经生物学家、生理学家，中国脑科学计划的筹建者和推动者，中国科学院院士，发展中国家科学院院士。

1963年，毕业于上海科学技术大学生物物理化学系。1995—2000年，帮助上海大学创办生命科学学院并任院长。

长期在中科院上海生理研究所工作，历任研究实习员、助理研究员、副研究员。1980—1982年，赴日本国立生理学研究所进修，获日本静冈大学、国立生理学研究所联合授予的学术博士学位。1987年回国，任中国科学院生理所所长并重新组织、扩建实验室。1991年，当选为中国科学院学部委员（院士）。2001年，创建复旦大学神经生物学研究所并任首任所长。2006年，任复旦大学脑科学研究院首任院长；同年，当选为发展中国家科学院（TWAS）院士。2010年，受聘为长春理工大学院士、客座教授并任生命科学技术学院名誉院长。2019年，受聘为郑州大学神经科学研究院名誉院长。现任复旦大学教授、脑科学研究院学术委员会主任、神经生物学研究所名誉所长，长春理工大学双聘院士、生命科学技术学院名誉院长，郑州大学神经科学研究院名誉院长。长期从事神经科学研究，专注于视网膜神经机制的研究，在视觉生理学等基础研究中获得一系列创造性的科研成果。

1978年，获全国科学大会重大成果奖；1987年，获美国防盲研究基金会外国研究员奖；1989年，获中国科学院自然科学一等奖；1996年，获中国科学院自然科学二等奖；2006年，获教育部自然科学一等奖、上海市自然科学一等奖；2001年，获何梁何利基金科学与技术成就奖。1988年，获国家有突出贡献中青年专家荣誉称号；1991年，获上海市科技精英荣誉称号；1989年、1991年，获上海市劳动模范荣誉称号。为九三学社第十一届中央委员会委员。

杨雄里在上海大学生命科学学院"青年成才讲座"上演讲

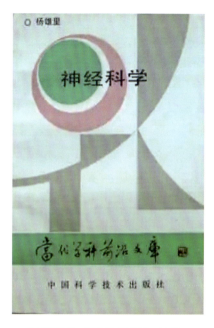

杨雄里著《神经科学》书影

2014年10月,杨雄里在浦江创新论坛上演讲

杨俊一，1958年生，内蒙古赤峰人。中共党员。博士。教授。

1997—2006年，历任上海大学社会科学学院教授、院长，社会学专业博士生导师，上海大学宣传部部长。

1998年，获辽宁大学经济管理学院国民经济管理系经济学博士学位。2007—2012年，任上海市委党校教授、副院长。2012年后，历任上海政法学院教授、副院长、党委书记，上海市人大常委会法制工作委员会委员，兼任中国哲学学会副理事长、中国人学学会理事、上海市哲学学会副会长等。

1992年，获辽宁省第三届哲学社会科学优秀论文三等奖；1994年，获辽宁省第四届哲学社会科学优秀论文二等奖；2000年，获辽宁省哲学社会科学优秀成果（专著）一等奖；2002年，获上海市第四届邓小平理论研究和宣传优秀成果奖论文类二等奖；2004年，获上海市第五届邓小平理论研究和宣传优秀成果奖论文类三等奖；2008年，获上海市第七届邓小平理论研究和宣传优秀成果奖论文类三等奖；2018年，获上海市第十四届中国特色社会主义理论体系研究和宣传优秀成果奖论文类一等奖。1996年，获评辽宁省高等学校重点学科青年学术带头人；2003年，获上海市王宽诚育才奖；2004年，获全国师德先进个人、上海市师德标兵等荣誉称号。

杨俊一工作照

杨德广，1940年生，江苏南京人。中共党员。教授。

1993年，任原上海大学校长。1994—1996年，任新上海大学常务副校长。

1965年，华东师范大学毕业后，历任华东师范大学团委书记、上海市高等教育研究所所长、上海市高等教育局副局长。1996—2003年，任上海师范大学校长，后任上海震旦职业学院院长，兼任全国高等教育学研究会理事长、全国高等教育学研究会理事长、上海市高等教育学会副会长、全国教育科学规划领导小组高等教育学科组成员、全国高等学校设置评议委员会成员等职。1979年后，出版著作30余部，发表论文360多篇，承担国家和省部级重点课题10余项。

有20多项科研成果分别获全国教育科学研究一等奖、二等奖，上海市科技进步奖一等奖、三等奖，上海市哲学社会科学优秀成果奖一等奖、二等奖、三等奖。曾获全国"十大老龄新闻人物"、上海市"社会主义精神文明十佳好人好事"、国家民政部第十届"中华慈善奖"慈善楷模等荣誉称号。

1994年，杨德广主持上海大学教学改革研讨会

1994年，杨德广在上海市政法管理干部学院、上海大学法学院十周年校庆大会上致辞

肖星，1971年生，江西上饶人。中共党员。博士。

1994年，毕业于上海大学自动控制专业。2005年，获上海大学社会学博士学位。

曾任中国人寿保险（海外）监事长兼香港分公司副总经理、中国人寿信托有限公司董事长、中国人寿上海分公司总经理、太平资产管理有限公司总经理、太平财产保险有限公司董事长、太平金融科技服务（上海）有限公司董事长等。现任中国太平保险集团党委委员、执行董事、副总经理，兼任太平养老保险股份有限公司党委书记、总经理，太平金融运营服务（上海）有限公司董事长、太平金融服务有限公司董事长。

曾获"2015年中国保险年度人物"称号。为第十一、第十二届上海市政协委员，第二届全国金融青年联合会副主席。

2021年5月，肖星在第四届新浪金麒麟保险高峰论坛暨2021慧保天下保险大会上演讲

吴欢章，1939年生，湖北武汉人。中共党员。教授。

1978年，到复旦大学分校工作，历任上海大学文学院教授、中文系主任，文学院副院长，国际文化交流学院副院长、院学术委员会主任、院学位委员会主席，《秘书》杂志主编，上海大学学术委员会委员、学位委员会委员。

1959年，复旦大学中文系毕业后留校任教。曾任复旦大学外国留学生教研室主任及校、系学术委员会委员。多次担任上海市高校职称评审委员会中文学科组成员和上海市哲学社会科学评奖委员会文学组成员。为中国作家协会、上海市作家协会会员。曾任国际炎黄文化研究会副理事长、中国散文理论研究会副会长、中国散文学会理事、中国诗歌学会理事、中国当代文学研究会理事和中国毛泽东诗词研究会常务理事、学术委员、顾问等。长期从事中国现当代文学尤其是诗歌和散文的研究，出版《吴欢章学术文选》《毛诗艺寻》等6部学术论著和10部诗集、4部散文集，发表《中国当代诗歌发展的几个问题》《新诗变革的出路》等论文200余篇，主编《中国文学大辞典·现代文学单元》《中国现代散文英华》等30余部文学著作。

论著两次获上海市哲学社会科学优秀成果奖、三次获中国毛泽东诗词研究会优秀论文奖，并获中国大学出版社协会优秀学术著作一等奖和国际炎黄文化研究会龙文化金奖等奖项。作品获全国报纸副刊好作品一等奖、百年沧桑话回归征文二等奖、《郑州晚报》征文一等奖、国际炎黄文化研究会龙文化优秀作品奖和上海市"中华赞"2009诗词歌赋创作大赛二等奖等奖项。曾获王宽诚优秀园丁奖、上海市劳动模范、上海市优秀教育工作者、上海市高校优秀导师等荣誉称号。

《吴欢章学术文选》书影

吴松，1963年生，上海人。中共党员。博士。教授。

2006—2013年，任上海大学副校长。

1984年、1987年，在上海交通大学获学士、硕士学位。1990年，获上海交通大学工学博士学位后留校，历任机械工程系讲师、副教授、教授。1994年起，历任上海交通大学人事处副处长、研究生院常务副院长、校长助理、党委常委、组织部部长，高教研究所博士生导师。1997年，在美国北卡州立大学学习高校人事管理。2003年，在美国德州农工大学学习高校学生事务管理。2013—2015年，任上海应用技术学院党委书记。2015—2019年，任上海理工大学党委书记。2019年，任上海第二工业大学党委书记。曾兼任中国研究生教育学会工科委员会理事、中国研究生院院长联席会理事、教育部在沪直属高校研究生就业协作组副理事长、第三届上海市学位委员会机械学科评议组成员等。现兼任上海市欧美同学会常务理事、教育部在沪直属高校研究生就业协作组副理事长、上海市现代设计法研究会第五届副理事长。从事高等教育管理和机械设计及理论方面的教学与研究工作。

曾入选上海市科技启明星计划，获上海交通大学景福优秀教师一等奖、上海市育才奖、中国研究生教育学会颁发的研究生教育贡献奖，获评上海市优秀青年教师、上海市教育系统优秀党员。为上海市徐汇区第十三届人民代表大会代表。

2018年10月，吴松在第二届互联网+内容供给创新与文化创意产业高峰论坛上致辞

吴杰，生于1960年，上海人。博士。美国科学促进会院士，国际电气与电子工程师学会院士，欧洲科学院院士。

1978—1985年，在上海科学技术大学计算机科学系就读，先后获学士、硕士学位。毕业后留校任教两年。2019年，受聘为上海大学计算机工程与科学学院兼职教授。

1987年，赴美就读，在佛罗里达大西洋大学获博士学位后留校任教；1994年，获终身教授；1998年，升为正教授。曾任美国国家科学基金委员会项目主任、佛罗里达大西洋大学杰出教授，IEEE分布式处理学会技术委员会主席。2009—2016年，任美国天普大学计算机与信息科学系主任、Laura H. Carnell讲座教授。2022年，当选为欧洲科学院院士。研究领域包括移动计算、无线网络及社会网络等。历任 *IEEE Transactions on Computers*、*IEEE Transactions on Parallel and Distributed Systems*、*IEEE Transactions on Service Computing* 和 *Journal of Parallel and Distributed Computing* 等多个国际期刊编委。曾任国际通信网络领域的标志性旗舰会议 IEEE INFOCOM 2011 的大会程序委员会主席、中国计算机学会（CCF）CNCC 2013 的程序委员会主席等。

2011年，获中国计算机学会海外杰出贡献奖；2021年，入选2021 ACM杰出科学家名单。

欧洲科学院（Academia Europaea）公布的2022年新当选院士名单

吴明德，1946年生，上海人。中共党员。

1970年，毕业于上海工学院电机工程系电机专业。

1972年后，历任新疆广播事业局719工程技术员、局党委秘书，国家地震局局长秘书，全国人大法制委员会副主任秘书，中央政法委员会秘书长秘书，司法部部长秘书、办公厅秘书处副处长，中央政法委员会研究处处长，司法部司法协助局办公室负责人，中国国际律师交流中心主任，司法部律师公证工作指导司巡视员（正厅级），上海市锦天城律师事务所主任。1990年后，曾兼任中华全国律师协会秘书长、中国公证协会副会长、亚洲太平洋地区律师协会理事、海峡两岸关系协会理事、中国证监会第二至第三届发行核查委员会委员、中国质量万里行常务理事、上海证券交易所上市委员会委员、上海百润香精香料股份有限公司独立董事、航天信息股份有限公司独立董事、上海翔港包装科技股份有限公司独立董事。

2003年，获中华全国律师协会特殊贡献奖；1992年，获韩国律师协会韩中律师交流特殊贡献奖。

2016年12月，吴明德在ALB锦天城合规论坛上致辞

2020年10月，吴明德在锦天城南京分所成立十周年暨乔迁南京国金中心庆典上致辞

吴建雄，1965年生，上海人。中共党员。硕士。教授级高级工程师。

1986年，上海工业大学电气自动化专业毕业并获首届直升研究生资格，1989年获硕士学位。

历任申能电力开发公司工程部助理工程师、工程师，申能股份有限公司策划部经理助理，上海申能房地产有限公司总经理助理、副总经理、董事、总经理，申能股份有限公司总经理助理、董事、副总经理，上海液化天然气有限公司常务副总经理、董事长，上海燃气（集团）有限公司董事长，申能股份有限公司董事长，申能（集团）有限公司总经理助理、副总经理、党委副书记、总经理。兼任上海市人工智能行业协会会长。现任上海仪电（集团）有限公司党委书记、董事长。

为中共上海市第十至第十二次代表大会代表，上海市第十四、第十五届人民代表大会代表。

2017年5月，吴建雄受聘为上海大学第二届董事会董事

2019年5月，吴建雄在微软亚洲研究院（上海）和微软—仪电人工智能创新院揭牌仪式上发言

吴信训，1949年生，四川成都人。中共党员。教授。

2002年，任上海大学影视艺术技术学院新闻传播系主任，后历任上海大学人文社会科学处处长兼文科发展研究院院长、上海大学中国艺术产业研究院执行院长、上海大学上海合作组织公共外交研究院副院长、上海市高校人文社会科学重点研究基地上海大学传媒经济研究中心主任、上海市社会科学创新研究基地（文化繁荣与新媒体发展研究方向）及上海发展战略研究所吴信训工作室首席专家。

1982年，四川大学中文系本科毕业后留校任教，曾任四川大学新闻系副主任、新闻学院副院长兼广播电视研究所所长、文学与新闻学院副院长，1994年晋升教授。1993—1996年，兼任四川省广播电视台台长助理，参与创办四川有线广播电视台。1998年，被聘为清华大学高级访问学者，参与该校新闻传播学科的建设规划。1999年，调入汕头大学，创建新闻传播学科，历任汕头大学新闻传播与现代教育技术中心主任、新闻信息传播系主任、广播电视传播研究所所长，兼任校党委宣传部部长。为中国人民大学新闻与社会发展研究中心兼职研究员，教育部高等学校新闻学学科教学指导委员会委员，中国传媒经济与管理学会常务副会长兼秘书长。

1987年，获首届全国广播电视学术论文奖三等奖；1998年，获国家级优秀教学成果奖二等奖、四川省优秀教学成果奖一等奖；2001年，获四川省社会科学优秀成果奖二等奖；2004年，获全国"十佳"广播电视理论工作者称号；2006年，主讲的"广播电视新闻学"被评为上海市精品课程；2007年，编写的教材获上海市优秀教材二等奖；2010年，获上海市社会科学界第八届学术年会优秀论文奖。

2013年1月，吴信训在第十届中国文化产业新年论坛上演讲

吴梦秋，1962年生，福建人。中共党员。复旦大学管理学院MBA。高级工程师。1984年，毕业于上海工业大学机械系精密机械专业。

长期从事蔬菜流通研究工作，为上海市商业联合会副会长、上海蔬菜食用菌行业协会会长。曾任上海西郊国际农产品交易有限公司、上海蔬菜（集团）有限公司党委书记、总经理。领导企业获全国菜篮子放心工程优秀企业、国家级农业产业化重点龙头企业、中国商业信用企业、全国构建和谐商业杰出贡献企业、上海市农业产业化重点龙头企业等称号。

为上海市商业优秀企业家、上海商业十大杰出人物、上海市职工信赖的经营管理者、中国农产品批发市场年度人物、中国蔬菜产业杰出人物。2020年，获上海市抗击新冠肺炎疫情先进个人、上海市优秀共产党员、全国脱贫攻坚奖创新奖、上海市劳动模范、2019—2020年度全国优秀企业家等荣誉称号。为上海市第十四、第十五届人民代表大会代表。

2018年1月，吴梦秋参加上海市第十五届人民代表大会第一次会议

吴程里，1936年生，安徽肥东人。中共党员。研究生学历。副教授。

1986—1992年，任上海科学技术大学党委副书记、党委书记。1992—1994年，任上海工业大学党委书记。1994—1998年，任上海大学党委书记。

1962年，毕业于华东师范大学物理系无线电电子学研究生班。参加工作后，历任华东师范大学物理系助教，上海科学技术大学无线电系无线电通信教研室助教、讲师、室主任，无线电系副主任，上海科学技术大学教务处副处长，上海市政府教卫办教育处处长。

1993年，获全国教育系统劳动模范并获人民教师奖章。为上海市第十一届人民代表大会常务委员会委员、教科文卫委员会副主任委员、法制委员会委员。

1997年，吴程里祝贺钱伟长校长获何梁何利基金科学与技术成就奖

2021年2月，上海大学党委书记成旦红等走访慰问原党委书记吴程里（中）

吴蓓，1966年生，上海人。博士。教授。

1988年，毕业于上海大学文学院社会学系。

1997年、2000年，在美国麻省大学波士顿分校分别获得老年学硕士、博士学位。是纽约大学老龄化创新孵化中心联合创始人。专注于老龄健康及全球健康问题的研究，领导的团队在研究老年口腔和认知症方面走在世界前列，被国际牙科学会评为卓越的科学家。主持十多项美国国家卫生研究院（NIH）资助的重大课题，目前已经发表650多篇（部）论文、会议摘要、专著和专著章节，其中同行评审论文近300篇，出版物涵盖与老龄化及健康有关的各种问题，包括长期照护、失智症、健康老龄化和口腔健康。任老龄健康研究杂志的主编及多个国际期刊的副主编或编委。为美国护理科学院荣誉院士和纽约医学科学院院士。曾任杜克大学护理学院的终身讲席教授、国际牙科学会老年分会会长、美国老年学学会咨询委员会会长。是美国国立卫生研究院的常任评审专家。现任纽约大学迈尔斯护理学院副院长、全球健康终身讲席教授。

2018年12月，吴蓓（左二）等考察厦门市爱心护理院

邱瑞敏，1944年生，福建龙岩人。油画家，国家一级美术师。

1961年，毕业于上海市美术专科学校中专部。1965年，毕业于上海市美术专科学校油画系（大学本科）。1999—2011年，任上海大学美术学院院长、教授、博士生导师。2019年，任上海大学艺术研究院院长。

1965—2006年，在上海油画雕塑院从事油画创作，历任油画组长、副主任、副院长、院长。1986—1990年，在美国纽约普拉特艺术学院做访问学者。曾兼任中国油画学会常务理事，中国美术家协会理事，上海美术家协会副主席，上海欧美国学会理事、文艺分会副会长，上海文学艺术联合会委员，第九届全国美展总评委。1977年，与陈逸飞合作创作的《在党的一大会址上》参加全国美展并被中国人民革命军事博物馆收藏。1979年，创作的《深夜》被上海鲁迅纪念馆收藏。1980年，与靳尚谊（中央美术学院院长）合作创作的大型油画《共商国是》、独立创作的《战友》被中南海收藏，创作的《节节胜利》《朦胧大地》《草原医生》等被中国美术馆收藏。另有作品被中共一大会址纪念馆、中共四大会址纪念馆、中华艺术宫、江苏省美术馆、国家大剧院、龙美术馆等收藏。出版有《邱瑞敏油画集》《邱瑞敏速写素描集》等。

1991年，与妻子、雕塑家吴慧明合作创作的铜雕《升》获上海文学艺术成果奖；1993年，创作的《水的情怀》获中国油画展铜奖；1999年，创作的《畅想浦江》获第九届全国美展银奖。

邱瑞敏在上海大学美术学院指导来华留学生

邱瑞敏在创作

何小玲，1970年生，江苏武进人。中共党员。高级工程师。

1993年，毕业于上海科学技术大学高分子化学材料专业。

1993年，进入上海隧道工程有限公司任技术员。2007年，组建上海市首个专业从事维修保养作业的团队，推出了"全产业链工艺新模式"，实现地下工程维保系统的全过程精细管控。研发的MJS高压喷射加固技术，为城市生命线工程和敏感建筑物周围进行全方位加固提供了可靠保障。创立何小玲巾帼创新工作室，首创"微扰动"工法，解决了软土隧道沉降变形的世界难题。编写的《地铁隧道微扰动注浆加固施工工法》被评为上海市市级工法，其团队被上海隧道之父——中国工程院院士刘建航命名为"护隧先锋"。现任上海隧道工程股份有限公司地铁维保应急救援队高级工程师、上海地铁维保应急救援队技术负责人、隧道股份上海隧道地基公司副总工程师。

2015年，获全国巾帼建功标兵荣誉称号；2018年，获上海市三八红旗手荣誉称号；2020年，获全国三八红旗手、上海市劳动模范等荣誉称号。为中国共产党第十九次全国代表大会代表。

何小玲巡检隧道结构

何平立,1953年生,浙江宁波人。教授。

1982—2004年,在上海大学文学院任教,曾任政治学与行政学系主任、上海大学科研处副处长等职,2004年晋升为教授。

2005—2017年,任上海政法学院科研处处长、社会科学研究院副院长、校学术委员会秘书长等职。曾被聘为华东师范大学、安徽省社科院、江苏省社联特约研究员和上海海事大学教授。曾任上海市世界史学会、政治学学会、行政管理学会和法治研究会理事。出版的专著有《崇山理念与中国文化》《巡狩与封禅:中国封建政治文化轨迹》《中国军事文化要论》《天命、礼仪与秩序演绎——中国文化史要论》等,发表论文百余篇。主持和参与陕西宝鸡天台山国家风景名胜区总体规划、湖北九宫山国家风景名胜区总体规划等国家级、省市级科研项目十几项。

获部市级科研奖、图书奖10余项;曾获上海市育才奖、上海市高校优秀青年教师一等奖,获评上海市优秀教育工作者;1993年,获全国优秀教师称号和人民教师奖章。

何平立著《天命、礼仪与秩序演绎——中国文化史要论》书影

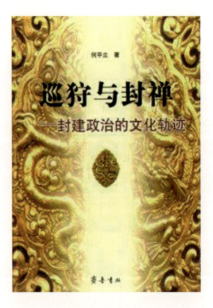

何平立著《巡狩与封禅:中国封建政治的文化轨迹》书影

何志明，1963年生，上海奉贤人。中共党员。硕士。

1987年、1991年，相继在上海工业大学自动化系获学士、硕士学位。为上海大学校友会副会长。

曾先后任上海石油化工总厂机修厂、上海市对外经济贸易委员会。1994年后，参与组建多家外资企业并任董事。1998年，创立上海航星通用电器有限公司、昆明华奥航星电气有限公司及多家房地产公司。2004年，组建上海新航星投资集团有限公司并任董事长。现任上海新航星投资集团有限公司董事长、上海航星通用电器有限公司董事长，兼任上海市企业联合会副会长。新航星集团始终热心社会公益，历年来在教育、新农村建设等方面共捐赠人民币3000余万元，其中包括捐赠上海大学教育发展基金会1200余万元。

为上海市第十、第十一届政协经济委员会特聘成员，上海市奉贤区第四、第五届政协常务委员会委员。

2018年，何志明（中）在上海大学新航星基金捐赠签约仪式上

2022年1月，何志明捐赠100万元（为上海大学新百年发展基金首笔捐赠）

何继良，1960年生，浙江舟山人。中共党员。副教授。

1982年，上海工业大学政治理论班毕业，留校工作。1982—1994年，历任上海工业大学人文部教师，党委宣传部副部长、部长。1994—1996年，任上海大学党委宣传部副部长（正处级）。

1986—1987年，在华东师范大学政教系党史助教进修班学习。1994—1995年，在中央党校宣传干部培训班学习。2004—2006年，以同等学历获复旦大学高级管理人员工商管理专业硕士学位。2007—2008年，在中央党校第7期半年制中青班学习。1996—2009年，历任上海市委宣传部宣传处处长、市精神文明建设委员会办公室副主任、市委宣传部副秘书长、市委宣传部机关党委书记。2009—2012年，任东方网党委书记。2012—2021年，任上海东方网股份有限公司董事长、党委书记。

2020年5月，何继良参加"东方网二十周年"庆典并讲话

余秀慧，1966年生于上海，祖籍安徽肥东。中共党员。中欧工商管理学院EMBA。教授级高级工程师。

1988年，毕业于上海工业大学机械制造专业。

1988年，任职于上海大众汽车有限公司。1995年，加入上海汽车工业集团总公司浦东轿车项目组，参与筹建上汽通用汽车有限公司，历任上汽通用汽车有限公司制造部执行总监、整车制造工程及新项目执行总监、质量管理委员会执行总监等职。2006年，任泛亚汽车技术中心有限公司执行副总经理。2011年，任上汽集团技术中心主任兼上汽集团乘用车公司副总经理。2014—2021年，任上海赛科利汽车模具技术应用有限公司总经理。

2001—2003年，获上海市劳动模范称号；2005年，获全国劳动模范称号；2008年，获评"改革开放30年中国汽车工业杰出人物"；2009年，获评"新中国60年上海百位优秀女性"；2019年，获庆祝中华人民共和国成立70周年纪念章。为中共上海市第九、第十次代表大会代表，上海市第十四届人民代表大会代表。

2013年7月，网通社介绍十大华人研发工程师——余秀慧

邹元燨（1915—1987），字立清，浙江平湖人。中共党员。冶金学家，半导体材料专家，中国冶金物理化学活度理论研究的先驱，中国科学院院士。

1959 年，负责筹建上海科学技术大学化学冶金与物理冶金系并任系主任。为上海科学技术大学第一、第二届校务委员会委员。

1937 年，从浙江大学化学工程系毕业后在国民政府资源委员会工作，历任冶金室练习生、长沙精铜炼厂工务员、重庆炼铜厂助理工程师、云南钢铁厂副工程师。1942 年，获"林森奖学金"公费入美国宾夕法尼亚州卡内基理工学院学习。1947 年，获卡内基理工学院冶金学科博士学位；同年回国。历任资源委员会南京钢铁事业管理委员会工程师、浙江大学化学工程系教授。1952 年，任中国科学院工学实验馆研究员、室主任。1957 年，承担攀枝花铁矿冶炼试验任务，在国际上首先采用钒钛铁矿高炉冶炼新工艺，实现了风口喷吹新技术。1961 年，任中国科学院上海冶金研究所副所长，1978 年任所长，1983 年任名誉所长。1980 年，当选为中国科学院学部委员（院士）。其贡献不仅在于将冶金物理化学的原理延伸到半导体材料的研究中，更重要的是将固体半导体材料缺陷和冶金熔体这两个看来完全不同的学科领域统一于化学这门基础学科之中，为物理化学的应用、发展和开拓作出了重要贡献。

1956 年、1982 年、1987 年，三次获国家自然科学奖三等奖；1965 年，获国家发明奖二等奖；1983 年，获国家发明奖三等奖；1985 年，获国家科技进步奖二等奖；1991 年，获中国科学院自然科学奖一等奖。

1959 年，邹元燨（左二）等人正在研究上海科学技术大学硅酸盐化学与工学系筹建问题

邹元爔在指导学生

邹元爔工作照

汪猷（1910—1997），浙江杭州人。中共党员。生物有机化学家，中国生物有机化学的奠基人之一，中国科学院院士，法国科学院外籍院士，德国巴伐利亚科学院通讯院士。

1959年，负责筹建上海科学技术大学元素有机化学系并系任主任。为上海科学技术大学第一、第二届校务委员会委员。

1931年，获金陵大学理学学士学位，获斐托飞学会金钥匙奖。1937年，毕业于德国慕尼黑大学化学研究所，获最优科学博士学位；同年回国。1939—1942年，任协和医学院生物化学科讲师、助教授。1942—1947年，任上海丙康药厂厂长、研究室主任。1947—1949年，任中央研究院医学研究所筹备处研究员。1950—1952年，任中国科学院生理生化研究所研究员。1952年，调入中国科学院上海有机化学研究所，历任副所长、代理所长、所长、名誉所长。1955年，当选为中国科学院学部委员（院士）。1984年，当选为法国科学院外籍院士。1988年，当选为德国巴伐利亚科学院通讯院士。曾任中国化学会第二十届理事会副理事长、第二十一届理事会常务理事、第二十二届理事会理事。长期从事抗生素、生物有机化学、合成化学等研究，是我国抗生素研究和生产的开拓者之一。

1956年，获中国科学院自然科学奖三等奖；1978年，获全国科学大会奖；1982年，获国家自然科学奖一等奖；1988年，获国家自然科学奖一等奖、二等奖各一项。为第二、第三、第五届全国人民代表大会代表。

汪猷为研究生颁发毕业证书

汪猷为学生上课

汪猷（后排左六）与科研人员合影

汪道刚（1937—2020），湖北武汉人。研究员。

1965年，进入上海科学技术大学材料系任教。1983年，在上海大学光纤研究所从事研究工作。

1961年、1965年，本科、硕士毕业于清华大学工程物理系。专长材料科学，从事光纤技术无源器件研究等。为上海市红外与遥感学会会员。

1982年，获上海市重大科技成果奖三等奖；1987年，获上海市科技进步奖一等奖；1988年，获国家科技进步奖二等奖；1990年，获国家发明奖三等奖。

汪道刚在上海科学技术大学实验室

沈之瑜（1916—1990），原名茹志成（著名作家茹志娟胞兄），浙江杭州人。中共党员。文物学家。

1959年，曾任上海市美术专科学校校长、党支部书记。1935年，毕业于上海美术专科学校（刘海粟创办，南京艺术学院前身）西洋画系，毕业后留校当助教。1940年，参加中共地下组织，曾任苏中抗日民主根据地《滨海报》编辑、苏浙军区司令部参谋处参谋、华中雪枫军政大学文工团和华东军政大学文工团团长。中华人民共和国成立后，历任上海市军管会文艺处美术室主任，上海市文化局社文处副处长、处长、上海美术工作者协会党组副书记，上海市新成区文化局局长，上海博物馆副馆长、馆长和名誉馆长、研究员，上海市文物管理委员会副主任兼上海市美术专科学校副校长（学校没有校长）、党支部书记。兼任中国博物馆学会副理事长、中国文物保护科学技术协会副理事长。1950年在上海市军管会文艺处工作期间，接受时任上海市市长陈毅的指示，具体负责查实了中国共产党第一次代表大会会址。

与郭若愚合著《戬寿堂所藏殷墟文字补正》，撰写了《套卜大骨一版考释》《甲骨卜辞新获》《介绍一片伐人的卜辞》《"百沟"、"正河"解》和《郭沫若同志在甲骨学方面的重大贡献》等学术论文；论著有《关于任伯年的新史料》《伟大的中国青铜艺术》《倪瓒"渔庄秋霁图"解说》等。

沈之瑜（右）参观画展

沈学础，1938年生，江苏溧阳人。中共党员。物理学家，中国科学院院士。

1983年起，任上海科学技术大学无线电物理专业博士生导师。2000—2016年，受聘为上海大学双聘院士，先后任上海大学理学院院长、名誉院长。

1958年，从复旦大学物理系毕业后到中国科学院上海技术物理研究所工作。1978—1980年，在德国马普固体研究所做访问学者。1981年，任中国科学院红外物理研究室主任。1985—1993年，任中国科学院红外物理开放实验室和国家重点实验室主任。1989—1993年，任红外物理国家重点实验室主任。1995年，当选为中国科学院院士。1996—2001年，任中国科学院上海技术物理研究所科学技术委员会主任。2001年，任中国科学院上海技术物理研究所学位委员会主任。

1987年，获国家自然科学奖；1988年，获国家有突出贡献中青年专家称号；1990年、1994年，两次获国家重点实验室先进工作者（"金牛"奖）称号；1995年，获国家自然科学奖；2014年，获国家自然科学奖二等奖；2002年，获何梁何利基金科学与技术成就奖；2006年，获巴顿奖（K. Button）（世界电磁波科学界最高奖）；2008年，获评中国科学院研究生院突出贡献导师。

沈学础（中）在上海大学理学院主持学科建设讨论会

2006年，沈学础接受巴顿奖证书

沈学础在中国科学院上海技术物理所办公室

2020年7月，沈学础在上"全球汇氢英　港城创未来"2020长三角国际氢能产业人才峰会上演讲

沈诒（1922—2017），字谋厥，祖籍浙江嘉兴，上海人。中共党员。

1984—1986 年，任上海科学技术大学党委书记。

1941 年前，曾就读于上海之江大学。1937 年，任上海学界抗日救亡协会工作组组长、区干事，从事党领导下的群众运动。1941 年，调入苏北地区苏中抗日民主游击地区，参加根据地开辟期民运工作，历任区委书记、县委委员、县委部长、地委工作队队长，后在新四军第一师兼中军区政治部任科长，成立福州军区时任军区干部部处长、军区政治部副秘长等职。1966 年，转业到地方工作，历任中国科学院华东分院政治部副主任、硅酸盐研究所党委副书记、上海光学精密机械研究所党委书记兼所长。1986 年后，任上海市老干部大学常务副校长，后兼任东方艺术院院长，中国老年大学协会常务理事、副会长，上海市老年教育协会常务副会长。

曾获中共上海市委老干部局优秀办学工作者、上海市老年教育先进工作者、全国老年教育杰出贡献等荣誉称号。为中共上海市第五次代表大会代表，政协上海市第七届常委会委员兼科技委员会副主任。

1947 年 2 月，沈诒在新四军第一师政治部

1985 年 10 月，中共上海市委副书记黄菊视察上海科学技术大学（前排左二为沈诒）

沈琼，1981年生于上海。男子排球教练员。

上海大学管理学院2012届工商管理专业体育特长班学生。曾代表上海大学取得世界大学生运动会选拔赛亚军，力助上海大学男排获2009年上海市新长征突击队荣誉称号。

曾任中国排球队男排主攻手和队长，2013年全运会后退役。2014年至今，任上海男子排球队主教练。在任运动员时期，从2003—2004赛季至2011—2012赛季，作为主攻手，与上海男子排球队队员一起夺得全国联赛的"九连冠"。2005年、2009年，与上海男子排球队队员一起夺得两届全运会冠军，被誉为"亚洲第一主攻"。2014—2015赛季，带队并任主攻手，获得全国男排联赛冠军，成为联赛史上以球员、主教练两种身份均夺得冠军的第一人。2021年，率上海男排获全运会排球男子成年组比赛冠军。2017年，应召至新组建的国家男排中方教练组。

2017年，获中国排协公示的2016—2017排球联赛最佳男排教练、2016—2017中国排球联赛最佳教练奖；2020年，获2019—2020赛季中国男排超级联赛赛季最佳教练奖。

沈琼在男排赛场上

2015年2月，沈琼所在的上海男子排球队获2014—2015中国男子排球联赛冠军

忻平，1954年生于上海，祖籍浙江鄞县。中共党员。博士。教授。

2006—2014年，任上海大学党委副书记、纪委书记。2007年起，兼任上海大学人才学院院长。2014年，带领上海大学"大国方略"教学团队讲授中国热点问题获评"上海市群众喜爱的培育和践行社会主义核心价值观项目"，得到中央电视台和《人民日报》《解放日报》《文汇报》等媒体报道。

1982年，获华东师范大学历史学博士学位后留校任教。曾任华东师范大学研究生院副院长、华东师范大学党委宣传部部长，上海市科教工作党委宣传处处长兼上海市教委德育处处长。现兼任上海市社会科学界联合会副主席、上海市中共党史学会会长、上海红色文化研究院学术委员会执行主任、上海市委党史研究室特约研究员、上海市高校思想政治课改革协作组组长、上海市高等学校思想政治理论课教学指导委员会副主任。先后主持教育部"十二五"规划重点课题、国家哲社课题、上海市哲社课题等10多项。数次担任上海市哲社系列课题首席专家。

获上海市教学成果一等奖、国家级教学成果奖二等奖、上海市哲学社会科学优秀成果奖二等奖、华东地区优秀著作奖、全国高等学校思想政治教育优秀论文奖、第四届全国教育科学研究优秀成果奖研究报告类奖、上海市第十届教育科研成果奖等。为上海市嘉定区第四、第五届人民代表大会代表。

忻平在上海大学主持钱伟长教育思想报告会

2012年6月，忻平在"通识教育背景下的高校德育创新"国际学术研讨会暨第二届上海大学思政论坛上演讲

宋学锋，1963年生，山东青岛人。中共党员。博士。教授。

1988年，获上海科学技术大学运筹学与控制论专业理学硕士学位。

1995年，获中国矿业大学管理科学与工程专业管理学博士学位后留校任教。历任中国矿业大学管理学院副院长、研究生部主任兼学位办主任、管理学院院长。2002—2015年，任中国矿业大学副校长兼研究生院院长、孙越崎学院院长。2014—2018年，任南京财经大学校长、党委副书记。2018年起，任中国矿业大学校长、党委副书记。为教育部高等学校管理科学与工程专业教学指导委员会副主任、保密专业教学委员会副主任、中国管理科学与工程学会常务理事、江苏省管理学科教学指导委员会主任。主要从事管理科学与工程、数量经济与金融工程、管理复杂系统科学、煤矿安全管理等方面的研究与教学工作。

曾获国家优秀教学成果奖二等奖一项，省部级科技进步奖一、二、三等奖五项。1996年，获评江苏省首届青蓝工程跨世纪学科带头人、江苏省优秀研究生教师；1998年、2004年，获评江苏省优秀哲学社会科学工作者；2001年，获评333工程第二层次学术带头人；2005年，入选教育部新世纪优秀人才计划。

2019年6月，朱学锋在中国矿业大学2019届学生毕业典礼暨学位授予仪式上演讲

2021年5月，朱学锋寄语2021年高考学子"来百年矿大，圆青春之梦"

张大钟，1968年生。博士，中欧工商管理学院EMBA。

1991年，毕业于上海大学文学院。2015年，获上海大学社会学博士学位。

1991—2001年，参与创建上海有线电视台，历任总监、台长助理、上海有线排球俱乐部总经理。2001—2015年，创建上海文广互动、东方宽频、东方龙媒体有限公司并任董事长、总经理。历任上海广播电视台副台长、上海文化广播影视集团有限公司副总裁。创立全球最大的IPTV公司百视通新媒体股份有限公司，任党委书记、代理董事长并实现A股上市，成为中国文化产业市值第一股。2015—2019年，任阿里体育创始人、CEO、董事，将阿里体育打造为运动大数据平台的独角兽企业。2019年，创立上海盟海投资有限公司并任董事长，专司投资高新科技上市企业，并任重数传媒董事、歌华有线独立董事。

曾获上海市科技进步奖一等奖，获中国传媒新锐人物、中国传媒学院奖年度传媒人物、上海市领军人才、中国新媒体领军人物、新长征突击手等荣誉称号；2017年，获中国双创年度人物奖。

2021年11月，张大钟受聘为上海大学第三届董事会董事

2021年12月，张大钟在上海大学与"大钟奖学金"获奖学生交流座谈

张东，1967年生，上海人。中共党员。

1989年，毕业于上海工业大学冶金系铸造专业。为上海大学兼职教授、上海大学校友会副会长。多次向上海大学教育发展基金会捐赠，助力学校发展。

2004年，成立晋拓科技股份有限公司，担任法定代表人。晋拓科技主要从事铝合金精密压铸件的研发、生产和销售。依托压铸、模具设计、机加工领域的先进技术和制造工艺，公司形成了以汽车零部件为主，同时还有智能家居零部件、工业自动化及机器人零部件、信息传输设备零部件的多元化产品结构。2022年7月，晋拓股份在上交所主板上市。

2022年7月，张东创办的"晋拓科技股份有限公司"在上交所主板上市

张久俊，1956年生于安徽宿州。加拿大籍。加拿大工程研究院院士，加拿大工程院院士，加拿大皇家科学院院士。

2016年，受聘为上海大学特聘教授、理学院院长兼可持续能源研究院院长。2021年，受聘为上海大学理学院名誉院长、上海大学期刊社主办的《电化学能源评论（英文）》主编。

1982年、1985年，相继获北京大学化学系学士学位和硕士学位。1988年，获武汉大学电化学博士学位。1991—1993年，在美国加州理工学院进行燃料电池催化剂的博士后研究，后加入加拿大约克大学及英属哥伦比亚大学从事非铂电催化剂和传感器开发。1998年，加入世界顶级燃料电池公司巴拉德动力系统有限公司（Ballard Power Systems Inc.），从事质子交换膜燃料电池（PEMFC）研究并任团队和项目经理。2004年，受聘于加拿大联邦政府国家研究院燃料电池创新研究所（NRC-IFCI），历任高级研究员、首席科学家、科技主管。2014年，所带领的团队被认可为世界五强之一的燃料电池和催化剂团队。2013年起，任国际电化学能源科学院（IAOEES）主席兼总裁。2013年，当选为国际电化学学会会士。2015年，当选为加拿大工程研究院院士。2016年，被增选为加拿大工程院院士，同时当选为英国皇家化学学会会士。现任中国内燃机学会燃料电池发动机分会主任委员、中国有色金属学会新能源材料发展工作委员会副主任委员、超威集团燃料电池项目顾问专家。

2000年、2001年，分别获Ballard技术革新大奖；从2014年起，连续六年选为全球高被引科学家之一；2014—2016年，被汤森—路透社评为"全球3000名最具影响力的科学家之一"；2018年，获国际电化学能源科学与技术大会终身成就奖；2021年，获上海市白玉兰纪念奖。2022年，国际权威机构科睿唯安发布2021年全球期刊引证报告（JCR），主编的《电化学能源评论（英文）》被评为该领域全球期刊第一、中国本土影响因子排名第一。

2021年5月，张久俊在21世纪氢能与燃料电池产业大会上演讲

2021年6月，张久俊在新能源汽车创新峰会上作主题演讲

2021年9月，张久俊（左二）获上海市"白玉兰纪念奖"

张华（1920—1995），河南长桓人。中共党员。

1937年，参加革命。中华人民共和国成立后，历任同济大学党委副书记、上海交通大学党委副书记。1978年，调入上海机械学院，任党的核心小组负责人，主持学校工作。1979—1986年，任上海工业大学党委书记。在任期间，极力主张并最后促成钱伟长教授任上海工业大学校长。1986—1992年，任中共上海市顾问委员会委员。

为中共上海市第五次代表大会代表。

1985年，张华和钱伟长校长在上海工业大学会见来访的苏联科学院院士谢道夫

1985年，张华和王力平在上海工业大学党委办公室交谈

张林俭，1946年生，上海人。高级经济师。

1968年，毕业于上海科学技术大学无线电系雷达专业。

大学毕业后曾去部队农场劳动锻炼，后在上海仪表局下属企业任职，历任车间主任、仪表局企业管理处处长。1986年，调至上海市经委企管处工作。1988年，任上海市市长朱镕基的秘书，后调任市政府办公厅常务副主任。1992年，任上海市仪表工业局局长并推动上海仪表局的体制改革，1993年上海市仪表工业局改制成立上海仪电国有资产经营管理总公司，1995年更名为上海仪电控股（集团）公司，任公司董事长。2009年，被上海市国资委选聘为东方国际外部董事。现任上海外高桥保税区开发股份有限公司独立董事。曾兼任上海市企业联合会、上海市企业家协会会长和上海市电子学会理事长等。

曾获评上海市劳动模范、全国机械工业优秀企业家，获全国五一劳动奖章，获中国企业联合会、中国企业家协会向在中国企业改革中作出突出贡献的百名企业家颁发的"中国企业改革纪念章"。为第十届全国人民代表大会代表。

2021年6月，张林俭接受央广记者采访

张统一，1949年生，河南郑州人。材料科学、工程科学和固体力学专家，中国科学院院士，香港工程科学院院士。

2014年7月起，任上海大学教授、材料基因组工程研究院院长。

1979年，于本科二年级时考取北京钢铁学院研究生，并于1982年、1985年，获硕士学位、博士学位。1985年，获德国洪堡基金会奖学金，作为洪堡学者在德国哥廷根大学工作。1988—1993年，在美国罗彻斯特大学、耶鲁大学从事研究工作。1993年，在香港科技大学机械工程系工作。2001年，当选美国金属学会会士。2002年，受中国教育部《面向21世纪教育振兴行动计划》"聘请世界著名学者项目"聘请。2011年，当选为中国科学院院士。2012年，当选为香港工程科学院院士。2018年，受聘为青岛大学名誉教授。兼任国际断裂学会副主席、厦门大学兼职教授、远东及大洋洲断裂学会副主席、国际断裂会议执委。主要从事材料力学性质的研究，研究领域包括材料的机械性能、微观力学、纳米力学、微结构与材料性能的关系、铁电和压电材料、薄膜、纳米线及纳米管、微桥/纳米桥实验、扩散与相变。

1987年，获国家自然科学奖二等奖；1988年，获中国科学技术协会青年科技奖；2003年，获香港裘槎高级研究学者奖；2007年，获国家自然科学奖二等奖；2012年，获香港科技大学杰出卓越研究奖；2018年，获何梁何利基金科学与技术成就奖。

2018年，张统一获何梁何利基金科学与技术成就奖

张统一为学生讲课

张统一与毕业生合影

张海平，1956年生于上海。雕塑家。教授。

1984年，入职上海大学美术学院，曾任上海大学美术学院雕塑系主任、教授。现任上海大学艺术研究院副院长。

1984年，毕业于中央美术学院雕塑系。雕塑作品多次参加全国性重要美术作品展，并赴美国、法国、英国、丹麦、日本、韩国、新加坡等国家以及我国香港、澳门特别行政区展览，有十多件作品获奖或被海内外博物馆收藏。主要获奖作品有：《知识似海洋》获上海市美展优秀奖，《展望》获上海市美展佳作奖，《上海人民英雄纪念塔设计方案》（合作）获全国设计方案二等奖，《奋飞》获上海40年城市雕塑项目评选优秀奖，《国际共产主义战士——白求恩》获建党70周年全国美展铜奖、上海市美展二等奖、第二届上海市文学艺术奖优秀成果奖，《飞虹》获上海虹桥国际机场设计方案一等奖，《HA》获上海虹桥国际机场设计方案佳作奖，《银枪闪烁》获第三届上海体育美术展三等奖（作品被国际奥林匹克博物馆收藏），《怀抱》获上海市美展创作优秀奖，《龙华烈士陵园主题雕塑》获全国设计方案二等奖，《玉兰情丝》获上海雕塑设计大赛三等奖，《胜利》获上海市政府重点工程荣誉奖，《达芬奇铜像》获上海市住宅区雕塑评选优秀奖，《飞翔》获香港奥运畅想美术大赛优秀奖，《孙中山铜像》《奥林匹克之父——顾拜旦》获全国优秀城市雕塑建设项目评选优秀奖。出版著作有：《中国当代艺术家系列——张海平》《美术家张海平》《张海平雕塑作品集》《张海平艺术创作状态》《当代美术家代表作品全集——张海平卷》等。

张海平雕塑《钱伟长》

张海平为雕塑系学生指导作业

张培璋，1945年生于上海。中共党员。高级工程师。

1967年，毕业于上海科学技术大学化学系有机化学专业。

1982年后，先后赴意大利、美国学习考察焦化技术。1984年，任上海焦化总厂厂长。1992年，任上海太平洋化工（集团）公司总经理。后历任上海市化工局副局长，上海太平洋化工集团公司党委书记，上海化学工业区发展有限公司党委书记、总经理，上海华谊集团公司总裁、党委书记、董事长。现任上海市经济团体联合会副会长、上海财经大学EMBA兼职教授、上海市化学化工学会理事长、中云数据顾问团队专家。

2014年5月14日，张培璋（左五）参加在上海大学举办的陈嘉庚科学奖报告会

张雪父（1911—1987），浙江宁波人。工艺美术设计家，美术教育家。教授。

1978年，任上海市美术学校校长。1985年，受聘为上海大学美术学院顾问、教授。

1926年，从商校毕业后开始学习国画和西画。1930年，在上海白鹅绘画补习学校习画。1932年，任上海联合广告公司绘图员，从事装饰画和装潢设计。1935年，任在上海举办的全国工商美术展览会展筹会主席。1944年，受中共地下组织委托，为解放区生产的香烟设计烟盒和商标。1949年后，任上海美术设计公司装潢美术室主任。1951年，作为文艺界代表出席上海市人民代表大会。1960年，上海中国画院成立，受聘为画师；同年，任上海市美术学校教研组组长。曾兼任上海交通大学艺术顾问，上海铁道学院美术教授、顾问，上海美术教育研究会顾问。

国画《化水灾为水利》入选第二届全国美展，并作为礼品由毛泽东主席赠送给印度尼西亚总统苏加诺。1972年，应邀为上海展览馆绘制巨幅国画《雨后》。

张雪父在写生

张雪父国画作品

张维华，1960年生，江苏淮阴人。中共党员。博士，中欧国际工商学院EMBA。教授级高级工程师。

1982年，毕业于上海科学技术大学分校电信技术专业。

为复旦大学管理学博士，曾在法国电信高等学院、美国贝尔实验室进修学习，是美国艾森豪威尔基金会交流学者。曾任上海市邮电管理局副局长、总工程师，中国电信（美国）公司总经理，中国电信上海公司总经理、党委书记，中国移动上海公司资深经理（总经理级）等职。曾兼任上海市科协第九届委员会副主席、上海通信行业协会会长、上海市信息服务业行业协会会长等职。现任上海均瑶（集团）有限公司副总裁，负责信息科技的管理和产业拓展工作。

为第十二届全国人民代表大会代表。

2021年11月，张维华（中）受聘为上海大学第三届董事会董事

张敬人（1905—1970），原名熊灼微，四川自贡人。中共党员。

1963—1970年，任上海工学院院长、党委书记。

1927年，加入中国共产党；同年，在武汉国民革命军总政治部宣传员训练大队受训，结业后参加二次北伐；同年7月，入武汉军事学校军官教导团学习，后随团开赴广东参加广州起义。1929年，任中共荣县县委书记，任总指挥在荣县、绵竹等地发动农民暴动。后任中共四川省军委委员。1934年后，历任中国社会科学者联盟常委会委员兼工农教育委员会书记，上海新兴教育工作者联盟及国难教育社党团书记，中共上海党务整理委员会委员、组织部部长，第四战区长官司令部秘书，经广东省委决定加入国民党并任东江纵队特别党部书记长，第二、第三、第四纵队政训部主任，中共苏中区党委党校校委书记。中华人民共和国成立后，历任山东省政府机关党委书记、山东省政府劳动局局长、上海华通开关厂党委书记、上海市军事工业委员会书记、中共上海市监察委员会委员等。

（父字）布儿：

我们要对你说的话，我们故意的由妈妈写一些，由我写一些，无论妈妈写的还是爸爸写的，都是我们商量过共同想对你说的话，为什么要分成各人写一些呢？你一定会想得到。

你对困难的看法和对付困难的态度和打算很正确，不被困难吓倒，不回避困难，知难而进，勇敢战胜困难，决心从战胜困难中取得成绩，这种革命精神，有骨气。

是不是党员根本在于：是不是具备确立了无产阶级的立场，观点和共产主义的唯物辩证论的思想方法；是不是坚决贯彻执行党和国家规定的各项方针，政策；是不是完全的，毫无保留的履行中国共产党章程第二章所列的十项党员义务。如果做到了这些，其实还未经过入党的手续，事实是不折不扣的布尔什维克者，是革命的先锋队员了。（以上是爸爸分几次写的信，下面妈妈接着写）

（母字）布儿：

我还是第一次看到爸爸写这么长的信啊，而且内容非常丰富，异常感情，这种感情是父子感情，又是同志感情，我们都在干革命工作，只不过各人的工作岗位不同而已。大家共同前进吧！

生活上你完全自理了，希多保重为要。

祝健康，愉快，进步。

爸、妈
1964.10.18

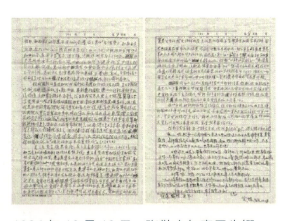

1964年10月16日，张敬人与妻子朱锷致儿子张小布的信

张敬人与妻子朱锷致儿子张小布的信（节选）

张竣，1983年生于山东。国际级运动健将，男子铅球全国纪录、全国室内纪录保持者。

上海大学管理学院2012届工商管理专业体育特长班学生。

2005年，获全国室内田径大奖赛上海站冠军；2007年，获全国田径冠军赛亚军；2008年，获全国田径冠军赛冠军；2009年，获全国室内田径锦标赛南京站冠军、全国田径大奖赛肇庆站冠军、全运会预选赛冠军、大运会亚军、全运会第10名、田径亚锦赛第三名、东亚运动会冠军、国际田联大阪大奖赛亚军；2010年，获全国室内田径锦标赛北京站冠军并打破全国纪录、广州亚运会亚军；2011年，获第19届亚洲田径锦标赛亚军；2012年，获全国室内田径锦标赛南京站冠军并打破亚洲纪录、全国室内田径锦标赛杭州站冠军。现任上海市第二体育运动学校投掷教练。

曾获美国体育学院优秀学员证书。2010年，获国家体育总局竞技体育司授予的国际级运动健将称号。

张竣在铅球比赛中

2009年12月，张竣获东亚运动会男子铅球冠军

陆东福，1955年生，江苏丹阳人。共产党员。高级工程师。

2001年，毕业于上海大学成人教育学院管理工程专业。

1981—1986年，历任铁道部上海铁路局团委宣传部副部长、部长，团委副书记、书记。1986—1988年，在复旦大学国际政治系政治学（行政管理）专业干部专修班学习。1988—1999年，历任铁道部上海铁路局政治部办公室副主任、宣传部副部长，铁道部上海铁路局纪委副书记、纪委副书记兼监察处处长，铁道部上海铁路局上海工程总公司党委书记，铁道部上海铁路局副总经济师、党委副书记，铁道部上海铁路局副局长、党委常委、党委副书记兼上海市轨道交通明珠线工程指挥部副指挥，上海铁路局轨道交通开发总公司总经理。1999—2013年，历任铁道部上海铁路局副局长、局长、党委副书记兼上海铁路分局分局长，铁道部副部长、党组成员。2013—2016年，历任交通运输部副部长、党组成员，国家铁路局局长、党组书记。2016—2018年，历任中国铁路总公司总经理、党组书记，交通运输部副部长、国家铁路局局长。

为中国共产党第十九次全国代表大会代表，第十三届全国人民代表大会代表，第十三届全国人民代表大会常务委员会委员、环境与资源保护委员会副主任委员。

2017年10月，陆东福在中国铁道科学研究院调研

2021年6月，央视《新闻联播》报道国铁集团党史学习教育成果

陆洋，1975年生，浙江宁波人。中共党员。博士。正高级经济师。

1997年，毕业于上海大学旅游管理专业。

2004年，获华东师范大学经济学硕士学位。2016年，获同济大学管理学博士学位。参加工作后，历任上海瑞金宾馆太原别墅总经理助理，上海虹桥迎宾馆前厅部经理，上海大厦党委书记、总经理，上海衡山（集团）有限公司党委书记、董事长。现任上海东湖（集团）有限公司党委委员、副总经理。

2000年，获上海市青年岗位能手荣誉称号。为上海市第十五届人民代表大会代表。

2019年，陆洋在第二届中国国际进口博览会开幕式现场

陆裕清（1934—2009），上海人。研究员。

1987年，任上海科学技术大学第三届学术委员会委员。1990年，任上海科学技术大学射线应用研究所所长。

1955年，毕业于上海交通大学电机系。是我国早期从事电物理实验装置研究工作者之一。长期从事辐射工程技术的研究，专长电物理装置技术。

1986年，参与研制的"HL-1装置主机结构安装技术"获核工业部科技进步奖二等奖；1987年，参与研制的"中国环流器一号"获国家科技进步奖一等奖；1988年，获国家有突出贡献中青年专家荣誉称号。

陆裕清参写并发表的论文

陆福宽，1938年生，浙江舟山人。中共党员。高级工程师。

1966年，毕业于上海科学技术大学理化系。

1975年起，从事海水提铀的科研管理工作，曾任研究室负责人、党支部书记。1983年后，历任上海市环境保护局党组副书记、副局长、党委书记、局长，领导制定了上海环保十年规划和一系列专业环保规划，组织实施上海市环保规划，在实现上海烟尘控制区建设、固定源低噪声控制区的规划建设、实现黄浦江上游水源保护、控制黄浦江上游地区工业污染、改善上海应用水水质等方面取得了明显效果。

为上海市第十、第十一届人民代表大会常务委员会委员。

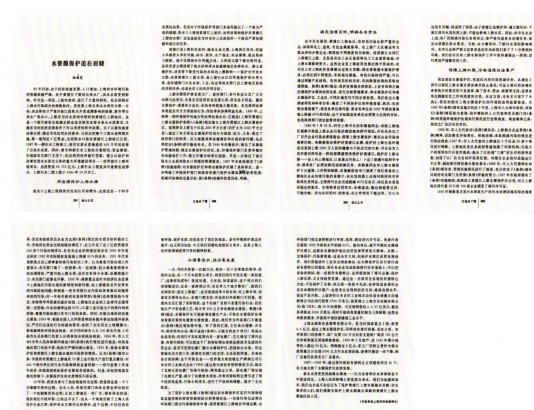

陆福宽撰写的《水资源保护迫在眉睫》

陈大森，1942年生，浙江上虞人。中共党员。副教授。

1965年，上海科学技术大学无线电电子学系毕业后留校任教。历任无线电电子学系电子测量教研室副主任，无线电电子教研室主任，电子线路教研室主任，无线电电子学系副主任、常务副主任，教务处副处长、校长助理兼人事处处长等职。1992年，任上海大学工学院院长。1994年，任新上海大学副校长。

1995—2004年，任上海电力学院院长。2003—2004年，兼任上海工商外国语职业学院常务副院长。2004—2005年，任上海工商外国语职业学院院长、党委书记。曾兼任上海通信学会理事、上海市电子电器技术协会第六届理事会理事长、上海市民办高等教育协会副会长、上海继续工程教育协会理事。研究方向为高等教育管理，数字电子技术。

1973—1976年，任课题组长承担的总参谋部南京军区军工科研任务"核爆炸自动观测仪"项目，1976年经总参谋部防化部鉴定通过并获全国科学大会奖。曾获上海市教育战线先进工作者、上海市先进科技工作者等荣誉称号。为上海市徐汇区第十一届人民代表大会代表，上海市第十一、第十二届人民代表大会代表。

陈大森在上海大学工学院指导学生开展创新研究

陈久康,1938年生,浙江鄞县人。教授。

1961年,从上海交通大学毕业后入职上海科学技术大学。1961—1994年,历任上海科学技术大学精密机械工程系教授、系副主任,上海大学机械电子工程学院副院长。1994—1999年,任上海大学机电工程与自动化学院副院长。

1993—2003年,任上海机电一体工程有限公司总经理兼总工程师。2003年,创立上海克来机电自动化工程有限公司,历任执行董事、董事长。主要从事机电一体化技术方面的研究。

1985年,获国家科技进步奖二等奖;1992年,获上海市科技进步奖二等奖;1993年,获上海市科技进步奖二等奖;1996年,获国家教委科技进步奖三等奖。1995年,获宝钢教育基金优秀教师奖、国家863计划智能机器人主题先进工作者荣誉称号;1998年,获全国优秀教师荣誉称号。

陈久康参写并发表的论文

陈克宏，1955年生，江苏靖江人。中共党员。高级工程师。

1981年，毕业于上海科学技术大学无线电电子学系。

历任电子工业部第五十研究所六部主任、三部主任、副所长，信息产业部第五十研究所副所长，上海市计算技术研究所所长，上海市科委党组书记、副主任，上海市科教工作党委副书记，中共上海市科学技术工作委员会书记，上海市教卫工作党委书记。

为上海市第十四届人民代表大会常务委员会委员，人大教育科学文化卫生委员会副主任委员、主任委员。

2015年，陈克宏（右二）参加上海大学上海电影学院揭牌仪式

陈体芳（1928—2021），福建福州人。中共党员。

1948年，上海沪江大学毕业。1964年起，在上海科学技术大学外语进修部、科技外语系工作，1978年11月转为正式教师。曾任上海科学技术大学外语系副主任，是上海科学技术大学科技外语系创建人之一。1994年后任上海大学教授。

长期从事外语教学工作，对学校英语专业的建设、青年教师的培养等起到主导作用。有译著300余万字，代表作有《麦克米伦回忆录》《科学的社会功能》《古董家》《简明不列颠百科全书》《聊斋志异》等。是上海翻译家协会会员，上海社会科学院特聘翻译。

1991年，获评上海市高等学校优秀思想政治工作者；1993年，获上海市劳动模范荣誉称号；2005年，获中国翻译协会"资深翻译家"荣誉称号。

陈体芳译《科学的社会功能》书影

陈伯时，1928年生，福建闽侯人。电力传动和电气自动化专家，我国电力传动和电气自动化学科的开拓者和奠基者之一。

1983年，入职上海工业大学，历任工业自动化系副主任、系主任。1990年，创设上海工业大学电机与控制工程研究所并任所长；同年，领衔建立上海工业大学电力传动及其自动化专业博士点，任博士生导师。1994—1998年，任上海大学控制理论与控制工程专业博士生导师。2018年，个人捐资在上海大学设立"陈伯时教育基金"。

1949年，毕业于清华大学电机系并留校任教。1951年，派往哈尔滨工业大学学习苏联新技术。1954年，在哈尔滨工业大学工业企业电气化专业研究生毕业。1955年，回到清华大学任教，创办了工业企业电气化专业。长期从事电气传动自动化、电力电子技术的教学、科研与学科建设工作。历任中国自动化学会电气自动化专业委员会副主任委员、中国电工技术学会理事、电控系统与装置委员会副主任委员、机械电子工业部电力电子与电气传动技术委员会副主任委员、教育部高等学校工业电气与自动化类专业教学指导委员会副主任委员兼工业自动化教学指导组组长、中国电工技术学会电力电子学会副理事长、上海电子学会理事长、国务院学位委员会第三届电工学科评议组成员。

所编《电力拖动自动控制系统——运动控制系统》入选2004—2014年"十二五"国家级规划教材，获2011年上海普通高校优秀教材奖一等奖。2021年，获第七届中国电源学会科学技术奖杰出贡献奖，该奖项为中国电源学会的最高个人荣誉。

2018年7月，陈伯时（右）参加电气工程学科发展研讨会暨陈伯时教育基金捐赠仪式

陈伯时在上海工业大学自动化学院指导青年教师

陈明仪，1938年生于浙江宁波。九三学社成员。教授。

1960年，从浙江大学毕业后到上海科学技术大学工作。曾任上海科学技术大学精密机械工程系教授、博士生导师、校研究生部主任。1994年后，历任上海大学机电工程与自动化学学院教授、博士生导师，校研究生部主任，上海大学巴士汽车学院院长。

专长于研究发展光学测量技术和仪器，为国家和地方的重点工程研制了多项关键设备，在国内外核心刊物上发表论文70余篇，近三分之一为国际三大文献检索系统（SCI、EI和ISTP）所收录，内容涵及红外检测、干涉测长、全息、散斑度量术和数字波面技术。

曾获国家科技进步奖两项、省部级科技成果奖三项。1986年，获国家有突出贡献中青年专家荣誉称号；1995年，获全国教育系统劳动模范称号和人民教师奖章。为中国人民政治协商会议第九届全国委员会委员，曾当选九三学社中央委员会委员、上海市副主任委员。

陈明仪（右）在上海科学技术大学实验室

陈明仪在上海大学实验室

陈明华，1964年生，上海人。中共党员。硕士。高级工程师。

1986年、1989年，本科、硕士毕业于上海工业大学机械制造及设计专业。为上海大学校友会理事、上海大学机电工程与自动化学院兼职教授。

为中国塑料加工工业协会注塑成型系统专家，曾任德马格海天塑料机械有限公司副总经理（中方代表）。1992年开始自主创业，为锦珂集团创始人。如今的锦珂集团已经发展成一家多元化跨领域的集团公司，在中国大陆及香港拥有10多家分支机构，2021年锦珂集团销售额超10亿元人民币。现任锦珂集团董事长，拥有近40项个人发明专利。

为中共上海市长宁区第九次代表大会代表，为上海市长宁区新泾镇商会监事长。

2017年6月，陈明华（左二）参加上海大学上大社·锦珂优秀图书出版基金揭牌仪式

陈鸣波，1968年生，浙江宁波人。中共党员。博士。研究员。

1990年，获上海科学技术大学化学系应用化学专业学士学位。1993年，获上海科学技术大学物理化学专业硕士学位。

1993年后，历任上海空间电源研究所副所长、所长，上海太阳能工程技术研究中心有限公司总经理，上海航天电源有限责任公司董事长，上海市科委副主任，上海科技馆党委书记，中共上海市科技工作党委副书记，上海市临港地区开发建设管委会常务副主任、党组书记，上海市浦东新区副区长。2016年后，历任上海市经济和信息化工作委员会党委副书记、主任，上海市政府副秘书长，上海推进科技创新中心建设办公室常务副主任。2022年，任重庆市委常委、副市长。

为第十三届全国人民代表大会代表，中共上海市第十一届委员会候补委员，中共重庆市第六届委员会委员，重庆市第五届人民代表大会代表。

2020年5月，陈鸣波在"全国两会"上海团全团会议上发言

2021年10月，陈鸣波在上海市政府召开的新闻发布会上发言

陈凯歌，1952年生于北京，祖籍福建。电影导演。

2015年，任上海大学上海电影学院院长。

1982年，从北京电影学院导演系毕业后在北京电影制片厂工作。1984年，执导的处女作《黄土地》，获第38届洛迦诺国际电影节银豹奖。1987年，执导的《孩子王》获第8届中国电影金鸡奖导演特别奖。1993年，执导的《霸王别姬》成为首部获得戛纳国际电影节金棕榈奖的中国电影。2002年，执导的《和你在一起》获第22届中国电影金鸡奖最佳导演。2005年，执导的《无极》提名为第63届美国电影电视金球奖最佳外语片。2008年，获第21届东京国际电影节黑泽明奖。2010年，获第13届上海国际电影节华语电影杰出贡献奖。2013年，任第26届东京国际电影节评审团主席。2018年，获第3届澳门国际影展电影精神成就奖。2019年，任第32届中国电影金鸡奖评委会主任。

2019年，入选中国海归70年70人榜单。2020年，凭借《我和我的祖国》获第11届中国电影导演协会2019年度表彰大会年度导演提名。2020年，获评"2020中国品牌人物500强"第32位。

陈凯歌在上海大学上海电影学院作演讲

2016年6月，陈凯歌在上海大学上海电影学院院长及首席教授媒体见面会上

陈皆重，1962年生，浙江绍兴人，中共党员。

1984年，毕业于上海大学工学院电信技术专业。

2011年，任上海市通信管理局党组书记、局长。

2018年6月，陈皆重在世界移动大会上致辞

2020年12月，陈皆重在上海市通信学会成立40周年纪念大会上演讲

陈宪，1954年生，上海人。博士。教授。

1994年，任上海大学国际商学院国际经济系副主任。1995—1999年，任上海大学国际商学院副院长。1999—2007年，任上海大学国际工商与管理学院副院长（2001—2007年，主持工作）。

1994年，获中国人民大学国民经济管理专业博士学位。1996—2000年，赴香港中文大学进行合作研究。2001—2007年，受聘为上海社会科学院博士生导师。2007年起，受聘为上海交通大学教授、博士生导师。现任上海交通大学安泰经济与管理学院经济学院执行院长、应用经济系教授、中国服务经济与管理研究中心主任。为上海市经济学会副会长，中国世界经济学会常务理事，中国工业经济学会副理事长。已完成国家自然科学基金等国家级、省部级项目10余项；出版专著、报告、教材10余部；发表学术论文30余篇。

曾获全国普通高等教育优秀教材二等奖、省部级哲学社会科学优秀成果奖、上海市哲学社会科学优秀成果奖、上海市政府决策咨询成果奖、上海市育才奖、宝钢优秀教师奖、王宽诚优秀教师奖等。

2019年12月，陈宪在"科技·创新·引领"上海交通大学安泰经济与管理学院品牌论坛上演讲

陈晓东，1969年生，江苏无锡人。中共党员。正高级工程师。

1994年，毕业于上海大学化学系高分子化学专业。2020年，任上海大学兼职教授。

1996年，创设日之升公司，现任上海日之升新技术发展有限公司总经理、党支部书记。专注改性工程塑料，申报数百项专利，并以多项创新性技术推动行业更新迭代。曾任上海电力大学硕士生导师、闵行区人力资源保障局创业导师、闵行区工商联副主席、闵行区光彩事业促进会会长、闵行区企业合同信用促进会副会长、闵行区知识产权协会会长。

曾两次获上海市技术发明奖二等奖，一次获上海市产学研合作优秀项目奖；2015年，获上海市青年科技杰出贡献奖、上海大众科学奖；2014年，获评上海市领军人才。曾获上海市新长征突击手、上海市优秀共产党员、上海市劳动模范、第三届全国非公有制经济优秀建设者、优秀中国特色社会主义事业建设者、上海市关爱员工优秀企业家、上海实施发明成果优秀企业家、闵行区第三届十大杰出青年等称号。为中共上海市第十、第十一次代表大会代表，上海市闵行区政协第三、第四届委员会委员。

2020年11月，陈晓东（左）受聘为上海大学兼职教授

2021年3月，陈晓东在闵行区知识产权协会第三届第三次大会上发言

陈家泠，1937年生于浙江永康，祖籍广西。国画家。

1963年，入职上海市美术专科学校。1983年，任上海大学美术学院国画系教授。

1963年，毕业于浙江美术学院，师从潘天寿、陆俨少。20世纪80年代至21世纪初，曾在美国、德国、日本、新加坡、法国、英国、加拿大、西班牙、印度等国的艺术学院、博物馆、美术馆、艺术中心及画廊举办画展和联展。作品《鲁迅先生肖像》入选华东六省一市肖像画展。20世纪80年代，研究吸收中国古代壁画和国外水彩画技法，作品《粉红色的荷花》选送美国展出，《放》《不染》分别入选第六、第七届全国美展，作品《西湖景色》被选为在中国杭州召开的G20峰会元首和地区领导人合影的主题背景，作品《清荷》被选为在中国厦门举行的金砖五国领导人会晤活动的主题背景。现任中国国家画院首聘研究员、中国美术家协会会员。

由贾樟柯监制的记录其艺术创作生涯的纪录片《陈家泠》荣获澳大利亚布里斯班第二届电影节最佳纪录片奖、第11届中美电影节年度最佳纪录片奖、夏威夷第35届国际电影节最佳纪录片奖，并获夏威夷第35届国际电影节"文化大使"称号。

陈家泠在创作

陈家泠国画《西湖景色》

陈捷，原名淳于建，1964年生，山东龙口人。硕士。

1986年，毕业于上海科学技术大学计算机科学专业。

1999年至今，任汇彩控股有限公司主席。2005年，获美国亚利桑那州立大学工商管理硕士学位。在美国、加拿大、韩国和中国持有超过100项专利及申请。作为澳门娱乐设备厂商会非牟利协会的创办人之一，通过提供技术交流和贸易推广的平台，推动澳门娱乐设备行业的发展。2017年，任澳门特别行政区行政长官委任的经济发展委员会委员。现任中葡电子商务协会会长。着眼全球动态，带动澳门经济发展，在澳门理工学院、澳门旅游学院、上海大学等多所院校设立奖学金。同中国下一代教育基金会共同设立"织梦基金"。

2011年，获世界青年杰出华商荣誉；2014年，获福布斯2014中国上市公司50位最佳行政总裁之一；2020年，获"20年20人：回归以来澳门旅游休闲产业价值人物"。为山东省政协委员。

2018年5月，陈捷夫妇参加上海大学"杰一奖学金"捐赠仪式

2018年6月，陈捷参加第三届中国（澳门）财经风云榜暨澳门国际经贸合作峰会

陈逸飞（1946—2005），生于宁波，祖籍浙江镇海。油画家，文化实业家，导演。1965年，本科毕业于上海市美术专科学校油画训练班。

曾任上海油画雕塑创作室（现上海油画雕塑院）油画组负责人。1980—1992年，旅居美国。1984年，获美国纽约亨特学院艺术硕士学位。先后六次在美国哈默画廊举办个人画展，并在纽约国际画廊、新英格兰现代艺术中心、史密斯艺术博物馆等重要美术馆展览。1977年，与魏景山（上海市美术专科学校油画训练班同学）合作创作的《占领总统府》被中国人民革命军事博物馆收藏。1984年，创作的《家乡的回忆——双桥》被美国西方石油公司董事长哈默收藏，1985年哈默访华时，将这幅作品作为礼物送给邓小平。2007年，于1972年创作的《黄河颂》在北京嘉德拍卖会上以4032万元人民币成交，创当时中国当代油画家油画作品拍卖的最高价。2011年，于1994年创作的《山地风》在中国嘉德油画雕塑专场拍卖会上以8165万元人民币成交，再次刷新中国当代油画家油画作品的拍卖最高价。1992年，回到上海，以"大美术"的理念，深耕于电影、服饰、环境设计等领域，除继续从事油画艺术创作外，还创立了Lavefe服装品牌及其他从事视觉艺术的公司。1993年，涉足影坛，完成了自传性质的艺术影片《海上旧梦——陈逸飞个人随想录》。1995年，完成了反映20世纪30年代上海的故事片《人约黄昏》，入选法国戛纳电影节。2006年，参与制作的《理发师》曾获第9届上海国际电影节之电影频道传媒大奖最佳视觉效果奖。

陈逸飞油画《黄河颂》

陈逸飞与他的油画作品

陈惠民，1946年生，上海人。中共党员。教授。

1969年，毕业于上海科学技术大学无线电系无线电电子学专业，留校工作。1991—1994年，任上海科学技术大学党委组织部部长。1994年后，历任上海大学党委办公室主任，上海大学通信与信息工程学院党委书记、副院长，教授、博士生导师。

1976—1977年，在北京语言学院英语系进修。1977—1979年，在英国伦敦帝国理工学院做访问学者。1984年，赴美国波士顿DEC公司进修。长期致力于数字通信、无线通信等领域的教学与研究工作。兼任上海市通信学会常务理事，英国工程技术学会上海分会主席。

1993年，获上海市科技进步奖三等奖；1994年，获上海市科技进步奖二等奖；1997年，获上海市科技进步奖二等奖；1999年，获省部级科技进步奖三等奖；2007年，获上海市科技进步奖三等奖。1997年，获评上海市劳动模范；1998年，获国家有突出贡献中青年专家荣誉称号。

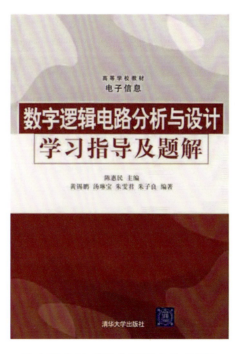

陈惠民主编《数字逻辑电路分析与设计学习指导及题解》书影

陈新汉，1947年生，浙江余姚人。硕士。教授。

2004年起，任上海大学社会科学学院教授、思想政治教育专业博士生导师。

1986年，获华东师范大学哲学系马克思主义哲学专业哲学硕士学位。曾在华东师范大学任教，1993年，调入上海财经大学，曾任人文学院院长。1987年，在日本国家神户大学、东京一桥大学做学术访问。1988年，在美国波士顿做学术访问。2003年，在土耳其伊斯坦布尔做学术访问。2004年，在韩国釜山大学讲学。2005年，在香港中文大学讲学。现兼任上海市哲学学会常务理事，上海市认识论研究会主任委员，中国社会科学院哲学研究所"价值理论研究室"兼职研究员和室副主任。出版专著和编著15本。

2006年、2009年，曾获教育部中国高校人文社会科学优秀学术成果奖著作类三等奖；1992年，获上海市社联优秀论文奖；1996年、1998年，获上海市第三、第四届哲学社会科学优秀成果奖著作类三等奖；1998年、2000年，获上海市第二、第三届邓小平理论研究和宣传优秀成果奖论文类三等奖；2000年，获上海市第五届哲学社会科学优秀成果奖论文类三等奖；2001年，获教育部全国"两课"优秀教材奖；2005年，获上海市教学成果奖一等奖；2006年、2008年、2012年、2014年，获上海市第六、第七、第十、第十一届邓小平理论研究和宣传优秀成果奖论文类二等奖。1995年，获宝钢优秀教师奖；1999年，获上海市教委上海市"两课"优秀教师；2003年，获上海市第一届高校名师奖；2004年，获上海市育才奖；2006年，获王宽诚教育基金育才奖。

2021年3月，陈新汉在"江山就是人民，人民就是江山"理论与实践专题研讨会上作主题发言

陈新汉著《权威评价论》书影

陈騊声（1899—1992），字陶心，福建闽侯人。中共党员。工业微生物学家，中国近代工业微生物学的奠基人和开拓者。

1982年，入职上海科学技术大学创立生物工程系并任系主任、教授。1985年，任上海科学技术大学生物工程系名誉系主任、教授。

1922年，获北京工业大学应用化学科学士学位。1922—1927年，任山东溥益糖厂酒精厂工程师。1927—1930年，任京师大学、中央大学讲师，劳动大学副教授。1930—1934年，任实业部南京中央工业试验所酿造研究室主任、研究专员等职。1932—1934年，在美国路易斯安那大学学习，获理学硕士学位，后到美国威斯康星大学研究院进修发酵化学。1934—1937年，任上海中国酒精厂总化学师、交通大学发酵讲座教授。1937—1949年，兼任大夏大学、沪江大学、圣约翰大学、暨南大学教授，新亚酵素厂技术总监，华星酒精厂技术顾问。1950—1952年，任江南大学食品工业系教授。1953—1982年，任上海第一地方工业局、上海轻工业研究所、上海工业微生物研究所技术顾问，复旦大学、上海第一医学院教授。历任中华化学工业会理事，上海化学会理事、理事长，上海化学化工学会副理事长、顾问，中国化学会理事，上海微生物学会理事，中国微生物学会理事，中国微生物学会酿造学会名誉理事长，中国食品协会理事，上海食品协会理事。出版有《世界各国之糖业》《酿造学总论（上下册）》《酿造学分论（上下册）》等20多本专著。

1978年，获上海市先进工作者称号；1978年，获全国科学大会重大科技成就奖；1977—1981年，获全国优秀科技图书奖；1990年，获国家教育委员会荣誉证书。为上海市政协第六届委员会委员，上海市第七届人民代表大会代表。

1941年第6期《图书月刊》介绍陈騊声著《酿造学总论》

陈騊声著《实用微生物学》书影

邵国伟，1957年生，上海人。高级工艺美术师，钞票设计专家。

1978年，毕业于上海市美术学校。

1987年，毕业于中央工艺美术学院。曾任中国印钞造币总公司技术总监，兼任中国印钞造币总公司技术中心党委书记和中心主任、中国人民银行印制科学技术研究所所长。是中国印钞造币行业科技领军人物、中国印钞造币行业数字化设计制版制模的创导者和实施者。曾任国际钞票设计师协会（IBDA）委员，连续三次被聘为香港金融管理局特别顾问。多次担纲境内外钞票设计，是第五套人民币100元、中华人民共和国成立50周年纪念钞、奥运纪念钞的主设计师，第五套人民币2005年版、2015年版和航天纪念钞总设计师和中国银行香港、澳门新版钞票和纪念钞的总设计师。

获中国防伪协会终身成就奖、国际钞票设计师协会（IBDA）终身成就奖。

邵国伟和他设计的钞票

邵俊，1947年生，浙江安吉人。博士。教授。

1970年，毕业于上海科学技术大学，曾任上海大学化学系教授。

1986年，获中国科学院上海冶金研究所博士学位。曾任美国亚利桑那州立大学化学系 C. A. Angell 实验室任顾问研究员、美国 GE Osmonics 公司工程师、美国 Foresight Tech. 公司工程师。

1985年，获全国教育系统优秀教育工作者荣誉称号；1986年，获全国教育系统劳动模范荣誉称号；1989年，获霍英东青年基金奖。

邵俊完成的国家自然基金项目

茅明贵，1950年生，浙江绍兴人。中共党员。硕士。高级政工师。

上海大学在职研究生班毕业，获硕士学位。

1968—1982年，历任上海重型机器厂车间党支部副书记、书记，厂团委书记，党委办公室副主任、主任。1982—1992年，历任上海市机电一局团委书记，上海市标准件制造公司党委书记，上海市机电工业局党委副书记、书记。1992—2000年，任上海市长宁区委书记、区人大常委会主任。2000—2012年，任上海市徐汇区委书记、区人大常委会主任。

2011年7月，茅明贵向徐汇区优秀党务工作者颁奖

林宏鸣，1956年生于上海，祖籍浙江镇海。

1982年，毕业于复旦大学分校历史系。

曾任上海市文化局党委办公室主任、上海京剧院总经理兼党委书记、上海歌剧院党委书记兼常务副院长、上海东方艺术中心首任总经理、上海音乐学院艺术管理系主任等。现任浙江音乐学院特聘教授、艺术与文化管理高等研究院院长，上海大歌剧院建设指挥部办公室常务副主任。为文化和旅游部第十六届文华大奖终评评委、国家艺术基金专家评审委员，上海文化发展基金会专家评审组组长，上海财经大学校董，中央戏剧学院客座教授，法国巴黎索邦大学博士研究生导师。发表《探索现代剧院的管理之道》《构建以演出为中心院团运营机制的逻辑与路径》等文章60余篇。

2018年，任文化和旅游部"加快推进国有文艺院团深化改革研究"课题组负责人，同年获十大"中国演出杰出贡献奖"。在上海京剧院负责出品的原创剧目，先后获第六届中国艺术节大奖、第三届中国京剧艺术节金奖第一名、第十届文华大奖榜首、首批国家舞台艺术精品工程十大剧目之一。为上海市第十四届人民代表大会代表。

2022年3月，林宏鸣参加涵碧·紫金城"璀璨星河"发布会

林宏鸣在东方艺术中心

林国强，1943年生于上海，祖籍福建福清。中共党员。有机化学家，中国科学院院士。1964年，毕业于上海科学技术大学化学系。曾任上海科学技术大学兼职教授。

1968年，中国科学院上海有机化学研究所研究生毕业后留所工作。1978年，赴匈牙利天然有机化学所考察。1981年，赴瑞典皇家理工学院有机化学系进修。1986—1987年，在美国匹兹堡大学和Smithkline研究所做访问学者。1989—1999年，历任中国科学院上海有机化学研究所副所长、常务副所长、所长，复旦大学、南开大学、苏州大学、郑州大学、贵州大学、西南师范大学、中国科技大学、上海科学技术大学兼职教授。2001年，当选为中国科学院院士。2005年，受聘为复旦大学双聘院士。2006—2014年，兼任中国国家自然科学基金委员会化学部主任，*Tetrahedron / Tetrahedron Letters* 理事及地区执行编辑，世界华人有机化学家协会理事，《有机化学》《中国化学》《化学学报》副主编。2018年，任上海中医药大学创新中药研究院院长。主要研究领域包括生物信息素、手性合成及氧化还原酶与羟腈化酶生物催化等。

曾获国家科技进步奖二等奖两项，中科院科技进步奖一等奖等奖项八项。1992年，获国家有突出贡献中青年专家、上海市科技功臣荣誉称号；1996年，获上海市化学化工学会庄长恭专项奖；2004年，获陈嘉庚科学奖；2019年，入围上海市"最美奋斗者"候选人名单。

林国强为学生讲课

林国强指导学生实验

林国强工作照

林振汉，1938年生，福建莆田人。中共党员。教授。

1963年，从中南大学特种冶金系稀有金属冶炼专业毕业后进入上海工学院冶金系。1994年起，任上海大学锆材料研究中心主任兼上海友特锆材料厂厂长。

1975年起，从事氧化锆系列产品的工艺和理论的专题研究。1985年起，主持攻克了氧化锆深加工的新材料，主持完成了国家火炬计划项目、国家重点新产品开发项目及多项上海市科委、经委、教委的重要项目研究并转入生产，使我国氧化锆主体生产工艺、工艺水平居于国际领先地位。氧化锆材料的成功开发和规模化生产，多项指标达到或超过了国际先进水平，填补了国内空白，为我国人工晶体、光学玻璃、光学纤维、结构陶瓷、电子行业和领域提供了新型材料，促进了相关行业的发展。曾任中国有色金属学稀有金属冶金学术委员会、钛锆铪冶金专业学术委员会委员，兼任中国有色金属工业协会钛锆铪分会专家组专家。

先后获国家教委科技进步奖二等奖一项、上海市科技进步奖三等奖三项、浙江省科技进步奖三等奖一项、上海市优秀新产品一等奖一项、上海市优秀新产品二等奖一项和上海市高新技术认定项目。1985年，获上海市劳动模范荣誉称号；1986年，获全国教育系统劳动模范荣誉称号；1997年，获上海市育才奖、上海市经委优秀科技工作者荣誉称号；1998年，获上海市教委优秀科技经营者、上海市实施发明成果优秀企业家荣誉称号；2000年，获王宽诚育才奖。为上海市闸北区第九届人民代表大会代表。

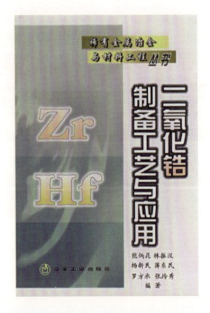

林振汉参编《二氧化锆制备工艺与应用》书影

林野，1954年生，福建龙岩人。

1977年，毕业于上海机械学院电机系电磁测量技术及仪表专业。

1994年，任福建省核电办主任。1995—2000年，兼福建省科协副主席。1997—2005年，历任福建省电力工业局副局长，福建省电力公司副总经理、总经理兼党组书记。2006—2010年，任国家电网公司人事部主任兼中国电机工程学会常务理事。2010—2013年，任华东电网公司总经理、董事长，国家电网华东分部主任兼国家电网公司总经理助理。2013—2017年，任国家电网公司华东分部顾问。在能源战略研究、特大型电网运行控制和企业管理领域具有丰富经验并取得突出成绩。在担任华东电网有限公司总经理期间，华东电网发电装机容量和最高用电负荷双双突破两亿千瓦大关，是世界单一国家内最大的区域电网，圆满完成2010年上海世博会保电。率领华东电网有限公司参与建设、投运了国家电网首个特高压直流输电工程——向家坝—上海±800千伏直流输电工程，负责调度运行世界首个同塔双回交流特高压输电工程——皖电东送交流特高压工程，推动华东电网正式迈入了特高压时代。主持研发的"世界一流调度建设"项目研究成果整体达到国际领先水平，出版专著1部，拥有专利6项、软件著作权5项。

主持研发的"世界一流调度建设"项目研究成果达国际领先水平，获上海市科技成果二等奖。曾获全国五一劳动奖章。为福建省第十届人民代表大会代表，上海市政协第十一、第十二届委员会常务委员和经济委员会副主任。

2014年7月，林野在上海大学2014毕业季启动仪式暨新航星校友讲谈会上演讲

罗宏杰，1956年生，陕西礼泉人。中共党员。博士。教授。

2012—2015年，任上海大学校长。2014—2017年，任上海大学党委书记。

1991年，获中国科学院上海硅酸盐研究所工学博士学位。1982—2004年，任西北轻工业学院材料系主任、西北轻工业学院副院长、陕西科技大学（原西北轻工业学院）校长。2004—2012年，任中国科学院上海硅酸盐研究所所长。曾兼任中国硅酸盐学会、中国材料研究学会副理事长。为国务院学位委员会第六届学科评议组成员，教育部高等学校无机材料科学与工程专业教学指导委员会委员，国家自然科学基金委员会专家评审组成员。曾主持多项国家级和省部级科研课题的研究工作，包括多项国家重点基础研究发展计划项目（973项目）、国家自然科学基金杰出青年基金项目、国家自然科学基金重点及面上项目、国家"十一五"科技支撑计划重点项目、国家文物局"指南针计划"试点项目、上海市重大基础研究项目等。

曾获2001年中国科学院自然科学奖、陕西省科技进步奖、陕西省政府优秀出国留学人员奖；2008年，获上海市优秀科研院所长奖；2016年，获"十二五"文物保护科学和技术创新奖一等奖；2018年，获上海市科技进步奖一等奖；2019年，获国家科技进步奖二等奖；2020年，获轻工业联合会技术发明一等奖，国家科学技术进步奖二等奖。曾入选中国科学院"百人计划"、1988年陕西省"三五人才工程"人才、2007年上海市"领军人才"。

为上海市第十四届人民代表大会常务委员会委员兼教育科学文化卫生委员会副主任委员。

2012年6月，罗宏杰出席2012届学生毕业典礼

2019年，罗宏杰（中）及获奖团队在国家科学技术奖励大会会场外留影

罗海，1969年生，广东潮洲人。中共党员。

1991年，毕业于上海科技高等专科学校微型计算机及应用专业。

曾任光明乳业股份有限公司新鲜事业部群华东销售总监、保鲜产品事业部销售总监、原料奶酪事业部总经理、华东地区部总经理，光明乳业股份有限公司副总经理，光明乳业股份有限公司党委副书记、总裁等职。2021年，任农工商超市（集团）有限公司董事长、党委书记。

2017年7月，罗海在"光明优倍"杯2017（第十五届）中国MBA创业大赛上致辞

2019年9月，罗海参加在青岛召开的第七届新鲜盛典

金东寒，1961年生于黑龙江绥化，祖籍浙江新昌。中共党员。动力机械工程专家，中国工程院院士。

2015—2019年，任上海大学校长、党委书记。

1984年，获武汉水运工程学院（现武汉理工大学）船舶内燃机和动力装置专业硕士学位并留校任教。1989年，获中国舰船研究院工学博士学位。2004年，在清华大学公共管理学院参加"科研院所长现代管理MPA高级研修班"的脱产学习。1989年后，历任中国船舶工业总公司第七一一研究所（1999年起隶属于中国船舶重工集团公司）第二研究室工程师、高级工程师、研究员、室副主任，热气机工程研究中心主任，所长助理并兼任某重点型号分系统主任设计师，七一一研究所总工程师兼热气机工程研究中心主任。现任天津大学党委副书记、校长（副部长级），国家海上风力发电工程技术中心学术委员会主任。2009年，当选为中国工程院院士。

1998年，获第六届中国青年科技奖；2001年，获第五届中国青年科技创新奖；2003年，获全国五一劳动奖章；2006年，获国家科学技术进步奖一等奖；2009年，获何梁何利基金科学与技术成就奖，获评全国优秀科技工作者；2014年，获评上海科技功臣。为中国共产党第十九届中央委员会候补委员。

2016年6月，金东寒寄语2016届本科毕业生

2016年3月,金东寒在上海大学"大国方略"系列课之二——"创新中国"课堂上与学生互动

2017年11月,金东寒参加非遗公开课"见人 见物 见生活"研培计划特别活动

2019年1月,金东寒在"2018年高中教育管理委员会全体会员大会"上演讲

金波，1962年生，安徽全椒人。中共党员。博士。教授。

2001年起，在上海大学任教。2006年，获上海大学社会学专业博士学位。历任上海大学文学院党委副书记、副院长、教授，档案馆馆长，图书情报档案系主任，档案事业发展研究中心主任。为上海大学图书情报与档案管理一级学科博士点负责人，教育部高等学校档案学专业教学指导委员会副主任委员。

曾主持多项国家社科基金重大项目和重点项目，主持教育部"面向21世纪教学内容和课程体系改革计划""新世纪高等教育教学改革工程""首批新文科研究与改革实践项目""国家精品课程"等教研项目。主编出版"国家哲学社会科学成果文库"、"面向21世纪课程教材"、"十一五""十二五"国家级规划教材、"国家精品课程教材"等专著和教材12部。

曾获教育部人文社会科学优秀成果一等奖、上海市哲学社会科学优秀成果一等奖和二等奖、国家级教学成果奖二等奖、上海市教学成果奖一等奖等奖项。

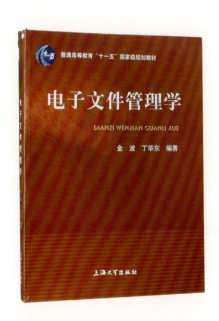

金波等编著《电子文件管理学》书影　　金波在2015年教育部高等学校档案学专业教学指导委员会年会上发言

金国华，1953年生，浙江人。中共党员。教授。

1999—2001年，任上海大学文科工作领导小组组长、经济发展研究院常务副院长。2001—2005年，任上海大学副校长、法学院院长、社会学教授、博士生导师。

1981年，毕业于华东师范大学心理学系。历任共青团上海团校校长，上海青年管理干部学院院长、党委书记，上海电力学院副院长，上海市政法管理干部学院党委副书记、校长。2005年，任上海政法学院院长。兼任第八届全国青年联合会委员，中国社会心理学会副会长，上海市社会心理学会会长，上海市青年研究会会长，上海市法学会副会长，上海市法治研究会会长。

所著《青年学》被列为普通高等教育"九五"国家级重点教材并多次再版。曾获第二届全国优秀青年读物二等奖、第七届全国优秀青年读物一等奖、上海市第二届法学优秀成果奖著作类一等奖、上海市第十届教育科学研究成果奖二等奖。为上海市青浦区第十三届人民代表大会代表。

金国华工作照

金柱青，1930年生，江苏常熟人。中共党员。高级工程师。

1984—1987年，兼任上海科学技术大学校长。

1953年，毕业于上海交通大学造船工程系。1955年，毕业于哈尔滨俄语专门学校。后进入船舶工业产品设计院任技术员、工程师。1960年，转入国防科委第七研究院七〇八研究所，历任工程师、研究室副主任等职。1980年，任中国船舶及海洋工程研究院高级工程师、副总工程师。1983—1992年，任上海市科学技术委员会主任，其间组建市现代设计法研究会并任理事长。曾兼任上海市船舶与海洋工程学会第八届理事会理事长、荣誉理事以及上海科学院院长。

2018年6月，88岁高龄的金柱青在上海市科技机关党委举行的"庆祝建党97周年暨'两优一先'表彰大会"上带领新入党的年轻党员重温入党誓词

周水文，1967年生，浙江江山人。

1989年，毕业于上海科学技术大学生物化工专业。为上海大学校友会副会长。

1989年，入职上海三维制药有限公司，从事药品生产管理和新药研发。1994—1997年，任上海三维生物工程研究所副所长、上海三维生物技术有限公司副总经理。1997—1999年，任上海新药研究开发中心生物制药中试基地副主任。1999年，加入筹建中的上海联创投资管理有限公司任投资经理，历任投资总监、副总裁、合伙人、管理合伙人等。参与组建和管理十多个风险投资和股权投资基金，并成功投资了一批优秀的创业项目。曾兼任长风金融港股权投资商会会长、上海互联网投资联盟理事长等职务。

2017年，在"中国创投金鹰奖"评选中获"杰出创业投资家"奖项；曾被上海市普陀区政府授予领军人才称号。为上海市普陀区人民代表大会代表。

2017年6月，周水文在上海大学与学生交流座谈

2017年，周水文获杰出创业投资家奖

周仁（1892—1973），字子竞，江苏南京人。冶金学家和陶瓷学家，中国钢铁冶金学、陶瓷学的开创者和奠基人之一，中国科学院院士。

1959年起，任上海科学技术大学首任校长。

1910年，毕业于江南高等学堂；同年，考取清华大学留美公费生，赴美国康奈尔大学机械工程系求学。1915年获硕士学位，当年回国，历任南京高等师范学校教授、江西九江电灯公司工程顾问、四川炼钢厂总工程师、交通大学教授兼教务长、中央大学教授兼工学院院长等职，并曾在中国矿冶工程师学会任职。1928年，在上海创建中央研究院工程研究所，任研究员兼所长。抗日战争期间，负责中央研究院工程研究所内迁昆明，创办中国电力制钢厂并任总经理兼总工程师。1948年，当选为第一届中央研究院院士。中华人民共和国成立后，历任中国科学院工学实验馆馆长、冶金陶瓷研究所所长、上海冶金研究所所长、上海硅酸盐化学与工学研究所所长、中国科学院上海分院副院长、故宫博物院专门委员、中国金属学会理事长、上海硅酸盐学会理事长。是中国电炉炼钢创始人之一，在中国率先研制成功球墨铸铁，组织引导并参与了含氟铁矿石的高炉冶炼研究，取得了创造性成果。积极倡导开展国瓷研究，是中国古陶瓷科学研究工作的开创者和带头人。

是中国现代科学的先驱，1915年与任鸿隽等人创办中国第一本学术刊物《科学》，也是中国最早的学术团体中国科学社的创始人之一。1955年，当选为中国科学院首批学部委员（院士）。

1978年，获中国陶瓷研究项目重大科技成果奖；1982年，获国家自然科学奖三等奖。为第一至第三届全国人民代表大会代表。

周仁在上海科学技术大学1959级新生开学典礼上讲话

1965年,周仁为上海科学技术大学工人班首届毕业生颁发毕业证书

1959年,周仁在上海科学技术大学主持第一届校务委员会第一次会议

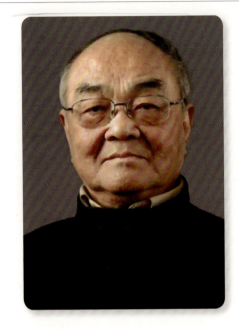

周邦新，1935年生，江苏苏州人。中共党员。核材料、核燃料元件专家，中国工程院院士。

1998年，到上海大学工作，任上海大学材料科学与工程学院教授、博士生导师；2008—2015年，任上海大学材料研究所所长。2006年，受聘为上海大学终身教授。2001年，兼任上海大学纳米科学与技术研究中心顾问。

1956年，毕业于北京钢铁学院金相及热处理专业。1956—1971年，先后在中国科学院物理研究所、金属研究所工作。1965—1967年，在英国纽卡斯尔大学和剑桥大学冶金系做访问学者。1970—1998年，任中国核动力研究设计院室主任、所长。1987年，晋升研究员。1995年，当选为中国工程院院士。2007年，被评为"核动力堆用锆合金关键基础研究"（973项目）首席科学家。现任中国核学会理事、中国核材料学会副理事长、中国材料研究学会理事、国务院学位委员会第四届学科评议组成员、国家自然科学基金委员会工程与材料学部评委等职。

1978年，获全国科学大会奖；1991年，获省部级科技成果奖；2000年，获国家科技进步奖一等奖；2012年，获国家科技进步奖二等奖，获评上海市先进工作者。

1999年10月，周邦新和钱伟长校长在实验室交谈

2000年，周邦新在上海大学材料研究所

周邦新与师生们交谈

周邦新主编《核反应堆材料》书影

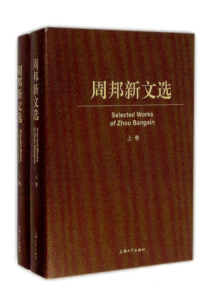

《周邦新文选》书影

2013年，周邦新（右）和孙晋良在国家科学技术奖励大会会场留影

周文波，1964年生，江苏武进人。中共党员。博士。教授级高级工程师。

1993年，在上海大学上海市应用数学和力学研究所获硕士学位。2005年，获上海大学固体力学专业博士学位。现兼任上海大学教授、博士生导师。

长期致力于隧道施工领域的技术研究和科技创新工作，主持完成国家863计划项目"泥水平衡盾构关键技术与样机研制"等30余项国家、省部级科技攻关课题与工程应用技术研究，其中的"盾构隧道施工智能化辅助决策系统"等获国家级奖项，"STEC盾构法隧道远程信息智能管理软件"等获国家专利。现任上海隧道工程股份有限公司总裁、党委副书记，为同济大学兼职教授、中国土木工程学会常务理事。在国内外学术期刊发表论文100余篇，其中多篇被EI收录。出版专著《盾构法隧道施工技术及应用》，组织编著《智慧城市：市政工程建设与管理》。牵头主办"中国国际隧道研讨会""中国城市基础设施建设与管理国际大会"等国内外重大论坛。

曾获上海市领军人才、全国劳动模范称号，是国家科技奖励评审专家。1995年，获上海市科技进步奖一等奖；1999年，获建设部科技进步奖二等奖；2000年，获上海市科技进步奖二等奖；2003年，获华夏建设科学技术奖三等奖；2004年，获第十六届建筑管理现代化成果（论文）发布会优秀成果奖一等奖；2005年，获全国工程建设企业管理现代化成果奖一等奖；2006年，获上海市科技进步奖一等奖；2007年，获华夏建设科学技术奖二等奖；2008年，获中国土木工程学会第八届优秀论文奖；2009年，获上海市科技进步奖三等奖；2010年，获上海市科技进步奖二等奖；2012年，获中国勘察设计协会——"创新杯"建筑信息模型（BIM）设计大赛最佳BIM拓展应用奖；2013年，获上海市科技进步奖二等奖；2015年，获上海市科技进步奖一等奖。

2018年10月，周文波在"数据智能点亮城市未来"开幕式上致辞

2005年，周文波（后排右二）在上海大学博士论文答辩会和答辩会专家、导师合影

周利民，1977年生，上海人。中共党员。

1999年，毕业于上海大学电子材料与元器件专业。

1999—2010年，历任上海华虹NEC电子有限公司生产一线员工、副系长、系长、日勤主任、副科长、科长、副部长。2010—2011年，任上海华力微电子有限公司副厂长兼制造部部长。2011—2018年，任上海华力微电子有限公司党委委员、副厂长兼制造部部长、生产计划部总监。2018年起，历任上海华力微电子有限公司党委委员、副书记，上海华力微电子有限公司副总裁、上海华力集成电路制造有限公司副总裁。现任上海华力微电子有限公司、上海华力集成电路制造有限公司党委书记、执行副总裁。

2013年，获上海市重点工程实事立功竞赛建设功臣称号；2018年，获上海市"进博先锋行动"优秀共产党员称号；2019年，获上海市科学技术奖一等奖。

2021年4月，周利民（左一）在上海华力"我是'芯'时代红砖青年"为主题的五四青年座谈会上为优秀团员颁奖

周利民向来宾介绍20世纪90年代国家发展微电子产业重点工程——"909"工程

周忻，1967年生，上海人。

1990年，本科毕业于上海工业大学机械工程系。现任上海大学校友会副会长。2018年，与校友朱旭东共同在上海大学设立"易居校长基金"。

1997年，任上房置换总经理。2000年，与校友朱旭东联合创立"易居中国"，并于2007年在美国纽交所IPO，成为中国首家在海外上市的房地产全产业链服务企业。2016年，易居（中国）旗下易居营销服务集团与克而瑞信息集团合并成立易居企业集团。2020年，易居企业集团与阿里巴巴集团宣布建立战略合作关系，推动房产服务行业走向全面数字化、智能化。现任易居（中国）控股有限公司董事局主席兼总裁、天猫好房集团首席执行官。为美国宾夕法尼亚大学沃顿商学院校董、中国房地产业协会副会长、中华房地产投资开发商会副会长、上海新沪商联合会第二届理事会轮值主席、中国大自然保护协会（TNC）理事会理事。

曾获亚洲商会卓越企业家奖、沃顿全球影响力奖、中国物管行业特殊贡献人物奖；获评2016中国商业领袖、2016年度中国十大经济人物、上海十大青年经济人物。

2018年8月，周忻（左）和朱旭东（右）捐资设立"上海大学易居校长基金"

2019年3月，周忻在第五十三届沃顿商学院全球论坛上致开幕辞

周哲玮，1950年生，湖北武汉人。中共党员。博士。

1982—1984年，在华中工学院攻读硕士学位，师从钱伟长教授。1984年，考入上海工业大学固体力学博士授予点，继续师从钱伟长，成为上海工业大学招收的第一个博士生。1987年，获博士学位后留校工作。1990—1993年，在美国克拉克森大学和北卡罗莱纳州立大学进行博士后研究。1994—1996年，任上海大学校长助理。1996—2005年，任上海大学副校长。2005—2010年，任上海大学党委副书记、常务副校长。2010年后，任上海市应用数学和力学研究所所长。2015年，受聘为上海大学终身教授。兼任中国工业与应用数学学会常务理事、中国力学学会副理事长、上海市非线性科学活动中心工作委员会主任、上海市非线性科学研究会副理事长、《应用数学和力学》主编、中国高等教育学会高等教育管理分会副会长、中国教育国际交流协会理事、上海市高等教育学会副会长。

1990年，获霍英东青年教师奖；1995年，入选上海市优秀学科带头人计划。

1987年，周哲玮接受钱伟长教授指导

2002年，周哲玮代表上海大学和德国慕尼黑大学代表签订合作协议

周积春，1941年生，浙江镇海人。副研究员。

1964年，毕业于上海科学技术大学化学系并留校任教。长期在上海科学技术大学（上海大学）射线应用研究室进行科研工作，直至退休。

专长有机化学、高分子辐射化学，从事辐射研究与辐射工艺的教学与研究。

1978年，在全国科学大会上获优秀科研成果奖。

周积春在上海射线应用研究所门口

周家宝，1931 年生，教授。

1983 年，从清华大学调入上海工业大学机械系任教授。

兼任全国高校金属切削研究会副理事长。

1986 年，获石油工业部科技进步奖二等奖、上海市科学进步奖三等奖；1987 年，获国家科技进步奖三等奖；1988 年，获国家有突出贡献中青年专家荣誉称号；1991 年，获全国高等学校先进科技工作者荣誉称号。

周家宝在上海工业大学机电工程与自动化学院实验室

周鸿刚，1949年生，江苏泰兴人。中共党员。硕士。教授。

1975年，上海机械学院自动化系电子自动化专业毕业后留校工作。1997年，获上海大学知识产权学院管理工程专业硕士学位。曾任上海工业大学计算机系党总支副书记，上海工业大学学生工作部副部长、部长，人文学院党委书记、副院长。1996—2005年，任上海大学党委副书记、纪委书记、副校长。兼任全国思想理论研究会理事、上海市大学生研究中心主任。2006年，任上海师范大学党委书记。后任上海市老干部大学副校长。

主持开发的FANUC-7M系统1984年获上海市重大科技成果三等奖；多坐标多联动加工中心系统1985年获上海市新产品一等奖；织机监测系统1987年获上海市重大科技成果三等奖；微机监测系统1992年获福建省科技成果二等奖；学生德、智、体综合测评系统1998年获上海市优秀教学成果奖。发表有关FANUC-7M系统的分析开发、科学配置人力资源、提高辅导员工作的实效性、干部廉政要有为等多个领域的论文30多篇；主编了近10部专著和教材，其中《大学生思想品德修养》连续五年在全市高校大学生思想品德课中使用。

曾获上海市优秀思想政治工作者、上海市优秀教育工作者、上海市优秀思政工作者、全国教育系统劳动模范等荣誉称号。

2002年，周鸿刚和钱伟长校长合影

2020年9月，周鸿刚在上海市老干部大学秋季学期线上教学启动仪式上讲话

周慕尧，1943年生，江苏盐城人。中共党员。

1965年，上海科学技术大学理化系核物理专业毕业后留校。曾任上海科学技术大学外事处处长，校党委副书记、副校长。

1993年后，历任中共上海市委副秘书长、市政府副秘书长兼办公厅主任，上海市副市长，上海市第十一、第十二届人民代表大会常务委员会副主任、党组副书记。

为中共上海市第七、第八次代表大会代表，中共上海市第七届委员会委员，上海市第十一、第十二届人民代表大会代表。

1992年，周慕尧在上海科学技术大学接待来访的国际原子能机构代表

2018年5月，周慕尧（右四）出席上海科学技术大学建校60周年校友返校聚会

郑令德，1937年生，浙江三门人。中共党员。教授。

1958年，毕业于浙江大学电机工程系，后被选派至哈尔滨工业大学电磁测量技术及仪表专业修读。1964年，入职上海工学院，历任电机工程系电磁测量技术及仪表教研室负责人、电机工程系副主任。1983年，任上海工业大学副校长、党委副书记。1986年，任上海工业大学党委书记，1990年兼任常务副校长。

1992年起，任上海市教卫工作党委副书记、书记；1995年起，历任上海市教育委员会主任、上海老年大学校长等。现任浙江大学上海校友会名誉会长。

曾获1989年、1990年上海市科技进步奖三等奖，上海市优秀党务工作者荣誉称号。为上海市政协第九届常务委员会委员兼教科文卫体委员会主任。

1992年，郑令德在上海工业大学与青年教师交谈

1996年，郑令德与钱伟长校长合影

郑涵，1959年生，江苏无锡人。中国致公党成员。博士。教授。

全国新闻与传播专业学位研究生教育指导委员会委员，中国传播学会副会长。

1984年，毕业于上海大学文学院中文系。1998年起，入职上海大学影视艺术技术学院新闻传播系任教。2008年，任传播学专业博士生导师。2011—2014年，任上海大学影视艺术技术学院副院长。现任上海大学新闻传播学院教授、上海大学新闻传播学科博士后流动站负责人、上海大学传媒政策研究中心主任。

1987年，入职上海社会科学院文学研究所，1990年被聘为助理研究员。1987—1995年，在上海社会科学院文学研究所从事学术研究期间，曾参与上海社会科学院东西方文化研究中心工作并任副秘书长。1988—1989年，曾任上海市人民政府文化经济与管理调研小组成员。1995—1998年，在北欧挪威王国国立奥斯陆大学留学进修，研究文化与传播问题。2002年，获复旦大学文学博士学位。

2008年，获上海市第九届哲学社会科学优秀成果奖著作类二等奖；2009年，获教育部第五届高等学校科学研究优秀成果奖（人文社会科学）著作类三等奖、王宽诚育才奖。为中国致公党上海市第七届委员会委员。

2015年10月，郑涵在"全球比较视野下的媒体融合"国际研讨会上发言

宗明，1963年生，江苏宜兴人。中共党员。博士。高级政工师。

2004年，获上海大学社会学博士学位。

1983年后，历任共青团川沙县委书记，中共川沙县委办公室副主任，共青团浦东新区工委书记，共青团上海市委副书记，上海电视台党委书记，上海文广新闻传媒集团公司党委书记。2006年后，历任中共上海市杨浦区委副书记、区长，上海市委宣传部副部长兼上海市文化创意产业推进领导小组办公室副主任，上海市政府副秘书长。现任上海市副市长、上海虹桥商务区管理委员会主任、上海市红十字会会长。

为中共上海市第十一届委员会委员。

2019年8月，宗明在奉贤专题调研的文化事业发展情况

居学成，1970年生，江苏高邮人。硕士。高级工程师。

1991年，获上海科学技术大学有机化学专业学士学位。1996年，获上海大学有机化学专业硕士学位。1991—1996年，任上海大学射线应用研究所讲师。

1999年，获北京大学高分子化学与物理专业博士学位。现任深圳市新材料行业协会执行会长、深圳北大深研科技发展有限公司总经理、深圳市旭生三益科技有限公司执行董事。曾任深圳市长园新材料股份有限公司研发中心主任，广东长园电缆附件有限公司董事、总经理助理，深圳市旭生三益科技有限公司总经理，深圳市未名北科环境材料有限公司执行董事，北京大学深圳研究院院长助理、先进高分子材料实验室执行主任、研究合作部部长等职。主要研究领域为新型有机化合物与精细化学品的合成，高分子材料辐射加工与改性，有机硅材料的合成与应用，特种涂料、油墨和电子化学品的开发，新型橡胶材料的改性与应用。

2005年，获评深圳市宝安区优秀创业人才；2009年，获评深圳市高层次专业人才。为广东省深圳市政协第五、第六、第七届委员会委员。

2022年6月，居学成在"高质量发展调研行·委员视角"调研会上发言

孟宪勤（1931—1993），安徽安庆人。中共党员。

1983年，参加上海大学筹建工作。1984—1993年，任上海大学党委书记。

1955年，华东师范大学教育系毕业后留校工作。1957年后，历任华东师范大学团委副书记、书记，党委政治部青年部副部长。1973年，调至上海海运学院，历任院政治宣传组负责人、党委办公室主任、宣传部部长、党委副书记。1983—1984年，调至上海市委办公室，派驻华东纺织工学院，任该院整党工作组组长。1990年，主编《领导科学教程》，撰写《加强高师师资建设》等论文和有关思想教育、工作经验等方面的文稿。

1988年，孟宪勤（左）参加上海大学美术学院"第三届中日交流展"

赵景泰，1962年生，河北唐县人。九三学社成员。博士。教授。

2013年，入职上海大学。现任上海大学材料科学与工程学院电子信息材料系教授。

1991年，获瑞士日内瓦大学晶体学专业理学博士学位。1991—1994年，在美国能源部Ames Lab—US DOE任博士后研究助理。1994—1999年，任厦门大学化学化工学院及材料科学与工程学院教授。1999—2002年，在德国马普固体化学物理所做访问学者。2002—2013年，任中国科学院上海硅酸盐研究所研究员。2016—2018年，任美国得克萨斯理工大学纳米光学中心资深研究助理。2018—2019年，任美国加州大学戴维斯分校物理系访问教授。主要从事无机功能材料化学与物理研究工作。

曾获教育部跨世纪人才基金，入选中科院百人计划，为上海市优秀学科带头人、新世纪百千万人才工程国家级人选、国家杰出青年科学基金获得者。

2017年5月，赵景泰为上海大学师生作"闪烁材料的发展与应用"讲座

赵耀华，1936年生，上海人。中共党员。副教授。

1951年，参加中国人民解放军，就读于空军第一航校航空机械专业、空军学院思想政治专业。1952—1982年，历任空军航空兵第二十五师机械师、宣传科科长、师政治部副主任。1982年转业回上海后，任上海工业大学宣传部部长。1985年，在上海市委党校第一期干部研究班学习。1986—1992年，任上海工业大学党委副书记、副校长。

1992年，任上海建筑材料工业学院党委书记。曾兼任中国高等学校思想政治教育研究会理事，上海市高等学校思想理论教育研究会副会长、上海市教卫系统党建研究会理事。

主编的《大学生行为指导与训练》获上海市高校思想理论教育优秀著作一等奖；《培养和建立一支精干、合格的学生工作队伍》《大学生心理咨询》等多篇论文获优秀论文奖；"思想品德课程改革与建设"课题获高校优秀教学成果上海市二等奖。曾获上海市高等学校优秀思想政治工作者、上海市思想政治工作研究会优秀工作者等荣誉称号。

1992年，赵耀华在上海工业大学指导学生工作干部开展研究工作

胡之光（1927—1989），上海人。中共党员。教授。

1962年，入职上海工学院，曾任电机工程系教研室主任，电机工程系主任、教授。

1951年，毕业于上海交通大学电机系。曾在上海震旦大学理工学院任教。1952年，任上海交通大学电机教研室讲师。1957年，任西安交通大学电机教研室副主任。曾兼任中国电工技术学会理事、电机专业委员会副主任、中小型电机分专业委员会主任、直流电机研究组主任、微特电机分专业委员会委员、机械电子部电机专业教学指导委员会委员、电气工程师刊授大学教学委员会委员以及《电工技术报》《电世界》杂志编辑委员会委员。曾主编和参与编写《直流电机设计》《电机电磁场的分析与计算》《电机的瞬变过程》《电机工程手册》《电机电磁场数值计算程序选编》《电机工程师用有限元法》等教材。

1985年，获国家科技进步奖二等奖；1987年，获国家科技进步奖三等奖；1988年，获上海市科技进步奖二等奖。

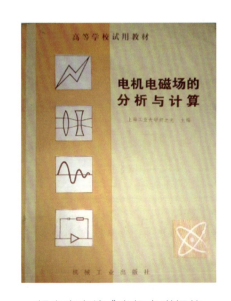

胡之光主编《电机电磁场的分析与计算》书影

1983年，胡之光（后排左一）陪同钱伟长校长检查上海工业大学电机工程系实验室工作

胡传平，1960年生，江苏扬州人。中共党员。博士。研究员。人民警察一级警监。

1982年，获上海工业大学机械系机械制造专业工学学士学位。

1997年，获上海交通大学工学硕士学位。2007年，获同济大学管理学博士学位。1982—2007年，历任公安部上海消防研究所检验中心助理研究员、科技办副主任、副所长、副研究员、所长、研究员。2007年后，历任公安部第三研究所所长、党委副书记。2017—2020年，任铁道警察学院副院长（正局级）。兼任科技部、国家发改委、工信部、公安部、教育部、上海市科委等部门专家库专家，中国计算机学会计算机安全专业委员会常务委员、中国网络空间安全协会常务理事、国际计算机学会中国理事会常务理事。2012年，入选国家863领域专家组专家。2003年、2011年和2017年，三次成为中国工程院院士有效候选人。主编或参编著作4部，发表论文33篇，有效授权发明专利15项，主编或参编国家或行业标准11项。

2008年、2010年，获国家科技进步奖二等奖；2018年，获公安部科技进步奖一等奖。曾获其他省部级科技进步奖九项，获全国优秀科技工作者、全国公安科技先进个人、上海市优秀科研院所长奖等荣誉称号。

2018年6月，胡传平在上海大学第二届董事会第二次会议上发言

2020年1月，在胡传平专家工作室揭牌聘任仪式上

胡彭生（1933—2001），江苏镇江人。中国民主同盟成员。教授。

1957年，毕业于清华大学机械系铸造专业研究生班，后至太原工学院任教。1963年，入职上海工业大学铸造教研室。1980年起，任上海工业大学机械系副教授。1986年起，任上海工业大学冶金系教授。

长期从事铸造专业型砂学和铸型工艺学教学，创立了水玻璃砂高温物化行为及溃散理论和矿油改性理论。1977年后，兼任上海市机械工程学会铸造（分科）学会学科组副组长。1988年，任中国机械工程学会高级会员。1986年，参加上海发明协会。1987年，任国务院学位委员会金属材料学科评议组成员。

1984年，获国家发明奖三等奖；1985年，获上海市优秀教育工作者荣誉称号；1986年，获第十四届日内瓦国际发明与新技术展览会银质奖、第三十五届布鲁塞尔尤里卡世界发明博览会金质奖。

胡彭生编著《S76型渣油铸造粘结剂及其应用》扉页

钟燕群，1955年生，浙江舟山人。中共党员。硕士。

1994—1997年，为上海大学管理工程专业在职研究生，获管理工程硕士学位。

1974年，毕业于上海建筑材料工业专科学校机械专业。1982—1985年，参加华东师范大学中文专业自考学习。1987—1989年，在上海第二教育学院政教管理专业本科学习。1974—1981年，历任上海耀华玻璃厂设备动力科钳工、党支部委员、团总支书记，厂团委副书记、宣传科副科长。1981—1991年，历任上海市建筑材料工业管理局团委副书记、书记，党委宣传处副处长；上海吴淞水泥厂党委书记。1991—1996年，历任共青团上海市委副书记、党组副书记，共青团上海市委书记、党组书记。1996—1999年，任中共上海市委统战部副部长。1999—2003年，历任中共上海市青浦区委书记、区政协主席。2003年起，历任上海市人民政府副秘书长、市合作交流工作党委书记、市政府合作交流办公室主任，上海世博会执行委员会专职副主任，上海世博会事务协调局党组书记、副局长、党委书记。2011—2013年，任上海市总工会主席、党组书记。2011—2018年，任上海市人大常委会副主任。2019年，任上海市慈善基金会理事长。

为中国共产党第十六、第十七次全国代表大会代表，上海市第十五届人民代表大会代表。

2010年9月，钟燕群在上海世博会"经济转型与城乡互动"主题论坛闭幕会上致辞

俞光耀，1959年生，浙江嵊州人。中共党员。硕士。教授级高级工程师。国际质量科学院院士。

1993年，上海大学管理工程专业在职研究生，获工学硕士学位。

在美国杜兰大学获工商管理硕士学位。1998—1999年，任上海铁路分局副局长。1999—2009年，历任上海铁路局副局长、常务副局长、党委委员。2009年后，历任上海申通地铁集团有限公司总裁、党委副书记，上海申通地铁股份有限公司董事长，上海申通地铁集团有限公司党委书记、董事长。兼任上海市质量协会会长、中国城市轨道交通协会轮值会长、国际地铁协会CoMET组织轮值主席。高度重视全面质量管理在企业发展中的核心地位，善于运用标准化管理体系、卓越绩效模式等管理工具提升企业经营质量与效益。凭借行业领先的卓越绩效管理和企业综合质量实力，申通地铁集团2017年获"全国质量奖"、2021年获"中国质量奖提名奖"。

2021年，获"2019—2020年度上海市优秀企业家"荣誉称号。为中国人民政治协商会议第十三届全国委员会委员。

2022年3月，俞光耀参加全国政协第十三届第五次会议

俞勇，1970年生，上海人。中共党员。国际商务师。

1992年，毕业于上海工业大学机械工程系机械制造与工艺专业。1993年，毕业于上海工业大学工业外贸经济系科技外事方向。

大学毕业后参与浦东开发开放工作，曾任上海新发展进出口贸易实业有限公司总经理，上海保税商品交易市场第二市场有限公司总经理，上海市外高桥保税区新发展有限公司党委书记、总经理，上海外高桥集团股份有限公司党委副书记、副总经理。现任上海外高桥集团股份有限公司党委副书记、董事、总经理，上海浦东现代产业开发有限公司董事长，上海侨福外高桥置业有限公司副董事长。

2019年12月，俞勇在蔡司大中华区总部全新客户体验中心开幕式上致辞

俞涛，1968年生，浙江萧山人。中共党员。博士。研究员。

在上海工业大学相继获学士、硕士学位。1997年，获上海大学机械学博士学位后留校任教。历任上海大学CIMS和机器人中心副主任、上海机器人研究所所长助理、上海市机械自动化及机器人重点实验室常务副主任。2001年后，历任上海大学研究员、科研处处长、校副秘书长、校长助理、上海大学党委副书记。

2006年，任上海市科学技术协会副主席。2013—2021年，任上海第二工业大学党委副书记、校长。现任上海工程技术大学校长。曾任上海市青年联合会常委（科学技术界别组长）、上海制造业信息化专家组成员、国际信息处理联合会IFIP / TC5委员、上海市科普志愿者协会常务副理事长、上海市科学与艺术学会执行常务理事。2017年，任第六届上海仲裁委员会委员。主要研究领域为机电一体化技术和计算机集成制造系统（CIMS）。主持完成国家、上海市、企业委托科研项目二十余项；撰写学术论文一百余篇，其中三十余篇被SCI、EI检索，获得国家发明专利两项、实用新型专利多项，获得软件著作权三项。

曾获上海市科技进步奖多项，获国家863计划CIMS主题先进工作者称号。为上海市第十五届人民代表大会代表；上海市政协第十一、第十二届委员会委员，教科文卫体委员会副主任。

2019年1月，俞涛在"上海两会"浦东代表团全团审议会上发言

施大畏，1950年生，浙江吴兴人。国画家，国家一级美术师。

1986年，毕业于上海大学美术学院国画系。现任上海大学上海美术学院特聘教授，博士生导师。

1978年，进入上海人民美术出版社任连环画创作室创作员。1986年，调入上海中国画院任画师。2004年后，任上海中国画院院长。曾任中国美术家协会副主席、上海市文联主席。现任中国美术家协会顾问、上海市美术家协会荣誉顾问、上海中国画院顾问。1981年，作品《我要向毛主席报告》获第二届全国青年美展二等奖并被中国美术馆收藏。1984年，作品《亲人》参加第六届全国优秀美术作品赴京展览。1989年，作品《归途——西路军妇女团纪实》获第七届全国美展铜质奖。1991年，作品《1941.1.14——皖南事变》获庆祝中国共产党建党七十周年全国美术作品展铜质奖。1993年，作品《人民的儿子》被中国人民革命军事博物馆收藏。1995年，作品《国殇》参加第八届全国优秀美术作品展览。1998年，作品《老乡》入选文化部"中国五千年文化"展，赴美国、西班牙、哥根海姆博物馆展出。2001年，作品《开天》获庆祝中国共产党建党八十周年全国美术作品展优秀奖。2004年，作品《长征系列——生》参加第十届全国优秀美术作品赴京展览。

为中国人民政治协商会议第十至第十二届全国委员会委员。

施大畏国画《国殇》

施小琳，1969年生，浙江余姚人。中共党员。硕士。

1990年，获上海大学工学院电气技术专业学士学位。

2001年，获同济大学经济与管理学院工商管理专业工商管理硕士学位。2017年起，历任中共上海市委常委、统战部部长，上海市社会主义学院党组书记，江西省委常委、宣传部部长。现任中共四川省委常委、成都市委书记，兼任成都警备区党委第一书记。

为中国共产党第十九次全国代表大会代表，中国共产党第十九届中央候补委员，江西省第十三届人民代表大会代表。

2020年11月，施小琳与杜家毫就共同推动湘赣两省文化事业繁荣发展进行座谈

洪晓鸣，1981年生，天津人。硕士。

2001年，本科毕业于上海大学化学系。2004年，获上海大学有机化学硕士学位。现受聘为上海大学理学院客座教授。

曾赴英国伯明翰大学学习，获生物化学工程硕士学位。2005年回国，创办海河咨询有限公司和海河生物医药科技（集团）公司，为我国医疗器械出口解决一系列"卡脖子"问题。现任天津海河生物医药科技（集团）公司董事长。海河生物提供产品全生命周期的综合服务，在生物医药CRO领域据领先地位。旗下海河标测是我国唯一一家同时具有国家级CMA、CBAS、ANAB、美国FDA GLP和OECD-GLP的检测机构。

曾荣获天津市创业英才成长专项、天津市"111企业家工程"新型企业家等荣誉。为天津市滨海新区第四届政协委员。

2021年12月，洪晓鸣出席上海大学校友会临泮茶会

姚明宝,1950年生,江苏常州人。中共党员。硕士。

上海大学在职研究生班毕业,获硕士学位。

1985年后,曾任上海市崇明县委书记、闸北区委书记。2000年,任上海市旅游事业管委会主任。2005年,任上海市政府副秘书长。2008年,任上海市人大常委会秘书长。

为第十一届全国人民代表大会代表。

1995年3月,姚明宝(中)出席政协闸北区第九届委员会第三次会议

费孝通（1910—2005），江苏吴江人。博士。中国民盟成员。著名社会学家、人类学家、民族学家、社会活动家，中国社会学和人类学的奠基人之一，中国科学院院士。

1980年以来，多次到复旦大学分校及之后的上海大学做社会学讲座，并带领上海大学社会学系的教师、学生赴江苏农村进行社会调查和农村社会问题研究。1984年，经教育部批准，受聘为上海大学名誉教授。1999年11月，应上海大学校长钱伟长聘请，任上海大学上海社会发展研究中心主任。

1938年，获英国伦敦大学经济政治学院博士学位。1938年后，先后任云南大学、西南联合大学、清华大学教授。中华人民共和国成立后，历任清华大学教授，中央民族学院教授、副院长，中央人民政府民族事务委员会副主任，中国社会科学院民族研究所副所长、社会学研究所所长，中国社会学会会长，中央民族学院教授，北京大学社会学研究所所长。致力于社会学、人类学、民族学研究，写下了数百万字的著作。其博士论文《江村经济》被誉为"人类学实地调查和理论工作发展中的一个里程碑"，成为国际人类学界的经典之作。还先后对我国黄河三角洲、长江三角洲、珠江三角洲等进行实地调查，提出既符合当地实际又具有全局意义的重要发展思路与具体策略。同时，开始进行一生学术工作的总结，提出并阐述了"文化自觉"的重大命题。出版有《行行重行行》《学术自述与反思》《从实求知录》《乡土中国》等著作。

为第七、第八届全国人民代表大会常务委员会副委员长，中国人民政治协商会议第六届全国委员会副主席，中国民主同盟第五至第七届中央主席、第七至第九届中央名誉主席。

1983年，费孝通在上海大学文学院讲学

费孝通与钱伟长校长

费孝通在上海大学文学院

1999年，费孝通在上海大学讲学

袁琦琦,1995年生于江苏张家港。中国田径运动员。

上海大学管理学院2019届工商管理专业体育特长班学生。

2006年,进入张家港市少年业余体校训练。2010年,入选苏州市体校田径队。曾在2012年全国田径大奖赛(山东淄博站)中,获女子100米短跑及200米短跑冠军。2016年,选拔为里约热内卢奥运会中国奥运代表团田径队运动员,参加中国女子4×100米接力赛,晋级4×100米跑接力决赛。2018年,获全国室内田径赛南京站女子60米决赛冠军。2021年,获第十四届全运会田径女子100米赛银牌、女子4×100米接力赛银牌。

袁琦琦在田径赛场上

桂恩亮，1971年生，北京人。中共党员。

1993年，毕业于上海工业大学机械系机制专业。1993—1998年，任上海大学机械与自动化学院辅导员、团委书记，上海大学团委副书记。

1998—2002年，历任上海市政府办公厅副处级秘书、正处级秘书。2002—2011年，历任上海市漕河泾新兴技术开发区发展总公司副总经理，上海漕河泾经济技术发展有限公司董事长、总经理。2011—2020年，历任上海临港经济发展（集团）有限公司副总裁，上海市漕河泾新兴技术开发区发展总公司董事长、党委书记、总经理。现任长三角投资（上海）有限公司党委副书记、总裁。

2021年6月，桂恩亮（右一）在长三角投资（上海）有限公司总部大楼启用仪式上

2022年1月，桂恩亮（右）在公牛集团落户长三角绿洲智谷·赵巷园区签约仪式上

夏小和，1963年生，安徽怀宁人。中共党员。博士。教授。

2014—2018年，任上海大学党委副书记、纪委书记。

1984年，获复旦大学数学系学士学位。1991年，获上海交通大学工程力学系一般力学专业硕士学位。2000年，获上海交通大学工程力学系固体力学专业博士学位。1984—1988年，任安徽理工大学（原淮南矿业学院）理论力学教研室教师。1991—2014年，历任上海交通大学工程力学系分团委书记，建筑工程与力学学院党总支副书记、总支书记，船舶海洋与建筑工程学院党委书记，校党委办公室主任，校党委组织部部长，医学院党委副书记。2018年，任上海政法学院党委书记。曾主持国家自然科学基金面上项目2项，参与国家自然科学基金重点项目1项、国家863重大专项子项3项。已发表学术论文50余篇，其中SCI收录15篇。已获授权发明专利8项。

2017年9月，夏小和在上海大学举办的"创新中国"公开课暨《创新路上大工匠》出版论坛上演讲

夏小曹，1962 年生于上海，美国籍。小提琴演奏家。

2009 年，任上海大学艺术中心主任、艺术总监。2013 年，任上海大学音乐学院艺术总监、副院长、教授，音乐表演专业学科带头人。

本科就读于中央音乐学院，毕业后留校任教。1985 年，获全额奖学金赴美国南加州大学深造，其间获美国 Homer Uirich Competition 小提琴比赛一等奖。2015 年，获英国巴斯斯巴大学荣誉博士。曾在马里兰大学音乐学院担任教授助理。1989—2002 年，任美国佛罗里达交响乐团首席，同时作为小提琴独奏家与美国和欧洲的著名交响乐团举行音乐会。2003 年，应邀在卡内基音乐厅与著名指挥家 Skitch Henderson 和纽约 Pops 交响乐团合作进行了首场独奏音乐会。2013—2014 年，美国费城交响乐团连续访华演出，作为中美小提琴独奏家在上海东方艺术中心的舞台上亮相。近年来，多次在美国耶鲁大学、斯坦福大学、天普大学、肯塔基大学、怀俄明大学和英国巴斯斯巴大学上大师班和举办独奏音乐会。为著名的"纪念埃内斯库"国际小提琴比赛评委，美国大提顿音乐节交响乐团的成员之一。

曾获文化部艺术奖、全国首届弦乐四重奏组比赛一等奖，并在英国朴茨茅斯国际弦乐四重奏比赛中为我国首次赢得"梅纽因主席奖"；2014 年、2015 年，获第十六、第十七届中国上海国际艺术节校园行"优秀个人"荣誉奖。

夏小曹与父亲、著名指挥家曹鹏同台献艺

夏志杰，1965年生，江苏南通人。俄罗斯工程院院士。

1985年，获上海工业大学机械学专业硕士学位。

1981年，毕业于南京机电学校。1881—1988年，历任如皋轻工机械厂任技术员，南通电视大学讲师，南京工学院机械系讲师、系科研秘书。1992年，在美国俄亥俄州立大学获博士学位后留美工作。曾历任公司研发部主任、副总裁，知名软件企业事业部经理，世界500强企业销售总监、中国首席代表。2011年，回国创业。长期从事工业互联网、工业大数据、机器人等关键技术研究。兼任江苏省智能装备产业联盟秘书长、江苏省欧美同学会常务理事、江苏省双创联合会常务理事、江苏省侨联理事、南京市侨商会副会长、江苏省侨商会副会长。现任江苏省高档数控机床及成套装备创新中心主任，江苏南高智能装备创新中心有限公司总经理，东南大学、云南大学、中南民族大学、南京师范大学兼职教授。

2011年，入选江苏省双创人才计划；2017年，获江苏省五一劳动奖章。

夏志杰工作照

夏征农（1904—2008），江西丰城人。中共党员。

1995年，受聘为上海大学顾问。

1925年，考入南京金陵大学中文系，后曾在复旦大学求学。1926年，加入中国共产党。1927年，参加南昌起义。1928年，曾任复旦大学共青团支部书记，共青团江苏省委宣传部秘书，《海上青年》杂志主编。1929年，被国民党当局逮捕，次年出狱后在共青团中央宣传部工作。1933年，加入中国左翼作家联盟。1937年后，历任新四军政治部民运部部长、中共苏中四地委宣传部部长、苏中公学校长、华中建设大学副校长、济南市委宣传部部长。中华人民共和国成立后，历任中共济南市委副书记，中共中央山东分局宣传部部长，山东省委常委、济南市委书记处书记，中共中央华东局宣传部部长。1978年后，历任复旦大学党委书记，中共上海市委书记，中共中央顾问委员会委员，上海市文联、社联主席，中国大百科全书总编辑委员会副主任，《辞海》《大辞海》主编。主要著作有《夏征农文集》。

为第一届全国人民代表大会代表，中国共产党第八次全国代表大会代表、第十二次全国代表大会列席代表、第十三至第十七全国代表大会特邀代表。

1982年，夏征农列席中国共产党第十二次全国代表大会

1995年，夏征农在上海大学和钱伟长校长交谈

顾红蕾，1978年生，上海人。中共党员。

2000年，毕业于上海大学电视编辑专业。

历任"中华老字号"恒源祥（集团）有限公司内刊《创导》编辑、主编，公司副总经理，中共恒源祥（集团）有限公司委员会专职副书记、书记。

曾获上海市黄浦区五四青年奖章、黄浦区优秀党务工作者、2010年度上海市三八红旗手、2021年度全国巾帼建功标兵等荣誉称号。任2022年北京冬残奥会火炬手。为中共上海市第十二次代表大会代表，中共上海市黄浦区第一至第三次代表大会代表，黄浦区妇女联合会执行委员会委员。

2022年6月，顾红蕾参加中国共产党上海市第十二次代表大会

钱程，1962年生，上海人。中国农工民主党成员。国家一级演员，国家级非物质文化遗产代表性项目代表性传承人。

2002年，毕业于上海大学成人教育学院文化管理专业（大专）。

1981年，进入上海滑稽剧团从艺至今，曾任上海滑稽剧团副团长。是中国曲艺家协会会员，上海曲艺家协会副主席、戏剧家协会常务理事、第五届文联委员。1989年，获江浙沪说唱大赛一等奖；1990年，获上海市新长征突击手；1991年、1992年、1993年、1994年、1995年，获上海市先进工作者称号；1991年，主演的《GPT不正常》获上海市人民政府特别嘉奖和"七一"现代戏展演优秀剧目奖；1992年，获第三届白玉兰戏剧表演艺术奖；1992年，获"华旅杯——中国笑星电视大赛"二等奖；2002年，获第十七届全国电视文艺"星光奖"曲艺杂技节目一等奖；2002年，主演的情景剧《新上海屋檐下·遗产风波》获由国家多部委联合颁发的短篇电视剧三等奖；2003年，获上海市第三届德艺双馨文艺工作者荣誉称号；2004年，获农工民主党中央委员会授予的"抗击非典"先进个人、中国曲艺家协会德艺双馨会员称号；2005年，获上海市委宣传部、文广局评选的上海市小节目汇演优秀作品奖和优秀表演奖；2018年，获第28届上海白玉兰戏剧表演艺术奖主角奖，获评第五批国家级非物质文化遗产代表性项目代表性传承人。为中国农工民主党上海市委委员、上海市文广影视集团委员会副主委，上海市第十届政协委员会委员，上海市第十五届人民代表大会代表。

钱伟长（1913—2010），江苏无锡人。中国民盟成员。著名科学家、教育家，杰出的社会活动家，中国近代力学奠基人之一，中国科学院院士。

1983年，任上海工业大学校长。1984年，创办上海市应用数学和力学研究所并任所长，同年领衔建立上海工业大学第一个博士学位授权点——固体力学专业博士点。1994年，续任上海大学校长，直至2010年逝世。所倡导的校训"自强不息；先天下之忧而忧，后天下之乐而乐"被上大师生所铭记。在其倡导和领导下，上海大学为贯彻党的教育方针，在培养高层次创新人才的过程中，形成了独特的钱伟长教育思想。

1931—1936年，在清华大学求学。1940年，赴加拿大留学，并于1942年获大多伦多大学应用数学系理学博士学位。1942—1946年，在美国加州理工学院喷射推进研究所任研究工程师。1946年回国，任清华大学教授兼北京大学、燕京大学教授。中华人民共和国成立后，历任清华大学教授、教务长、副校长，中国科学院力学研究所副所长、研究员。为国务院科学规划委员会委员、中国科学院学术秘书、中华全国青年联合会副秘书长、中国力学学会副理事长。为中国科学院力学研究所、自动化研究所的创始人，中国科学院首批学部委员（院士）、波兰科学院院士。1980年，创办《应用数学和力学》（中、英文双刊）。为中华人民共和国香港特别行政区基本法起草委员会委员、澳门特别行政区基本法起草委员会副主任委员，中国和平统一促进会执行会长，中国海外交流协会会长。

1941年，提出"板壳内禀理论"，其中非线性微分方程组被国际力学界称为"钱伟长方程"。1954年，提出"圆薄板大挠度弯曲问题的摄动解"，被国际力学界称为"钱伟长方法"并获1956年国家自然科学奖二等奖。1979年，完成的"广义变分原理的研究"，获1982年国家自然科学奖二等奖。1984年，创造汉字宏观字形编码（计算机中文输入法，简称"钱码"），获1985年度上海市科技进步奖二等奖，在1987年全国科学大会上获银牌奖。1997年，获何梁何利基金科学与技术成就奖。为第一届全国人民代表大会代表，中国人民政治协商会议第六至第九届全国委员会副主席，中国民主同盟第五至第七届中央委员会副主席、第七至第九届名誉主席。

钱伟长在上海市应用数学和力学研究所举行的 Seminar 上演讲

1994年5月27日，钱伟长在新上海大学成立大会上讲话

2005年9月，钱伟长在上海大学校园里为学生们签名留念

徐匡迪，1937年生，浙江崇德人。中共党员。钢铁冶金专家，中国工程院院士，美国国家工程院外籍院士，俄罗斯工程科学院外籍院士，瑞典皇家工程院外籍院士。

1963年，入职上海工学院工作，历任上海工学院（上海机械学院、上海工业大学）冶金工程系教授、系主任。1986—1990年，任上海工业大学常务副校长、教授、博士生导师。1994年后，任上海大学教授、博士生导师。2006年，受聘为上海大学终身教授。

1991年，任上海市政府教卫办副主任兼市高教局局长、党组书记。1991—1992年，任上海市计划委员会主任、党组书记。1992—1995年，任上海市副市长。1995年，当选为中国工程院院士。1995—2001年，任上海市委副书记、市长。2002—2010年，任中国工程院院长、党组书记。为京津冀协同发展专家咨询委员会组长。

曾获六项国家级、部委级和上海市重大科技成果奖、科技进步奖；1986年，获国家有突出贡献中青年专家荣誉称号；1988年，获评全国教育系统劳动模范，获人民教师奖章；2007年，获何梁何利基金科学与技术成就奖；2018年，获光华工程科技奖。为中国人民政治协商会议第十届全国委员会副主席。

徐匡迪与钱伟长校长合影

2000年，徐匡迪在上海大学钢铁冶金实验室

1987年，徐匡迪和钱伟长校长出席在上海工业大学举办的"桑塔纳中国大学生篮球邀请赛"开幕式

在《徐匡迪文选》上签名

徐旭，1968年生，江苏南通人。中共党员。博士。教授。

1995年，入职上海大学。1995—2000年，在同济大学工程力学专业攻读在职博士。2010年前，历任上海大学建筑工程学院土木系教师、教务处教学研究评估科科长、钱伟长校长秘书兼校长办公室副主任，数码艺术学院党委书记兼理事长、党委组织部部长。2008年起，兼任上海大学第二届青年教师联谊会理事长。2010—2019年，历任上海大学校长助理，党委常委，副校长，党委副书记。2019年，任上海音乐学院党委书记。2022年8月，任临港国家实验室党委副书记。

曾获上海大学青年教师讲课比赛一等奖、上海大学优秀教学成果特等奖、上海市教学成果一等奖、国家级教学成果二等奖、上海市第七届教育科研成果二等奖和上海大学优秀青年教师等荣誉称号等。为上海市政协第十三届委员会委员。

2018年1月，徐旭在上海大学校友新春联谊会上致新春贺词

2009年，徐旭在上海市应用数学和力学研究所作报告

徐彬，1963年生，云南昆明人。中国民盟成员。博士。

1984年，获上海工业大学上海市应用数学和力学研究所固体力学专业硕士学位。2000年，获华南理工大学建筑学院结构工程专业工学博士学位。2000年后，历任昆明理工大学建筑工程学院教研室主任、副教授，云南省教育厅副厅长，云南省文山州文山县副县长，教育部财务司副司长，云南广播电视大学校长，云南开放大学校长，民盟云南省副主委，云南省科学技术厅厅长，云南省社会主义学院院长。现任云南省政协副主席，民盟中央常委、云南省主委。

2017年5月，徐彬在第六届中国创新创业大赛云南赛区暨第三届云南省创新创业大赛启动仪式上讲话

徐静琳，1949年生，上海人。九三学社成员。教授。

1986年起，里任上海大学教授、法律系副主任、港澳台法研究中心主任、知识产权学院涉外经济法系主任、法学系主任。

1982年，毕业于云南大学历史系。1982—1986年，在云南大学法律系任教。1998年，任香港法律教育信托基金访问学者。兼任全国外国法制史研究会理事、上海市法学会理事、上海市法学会港澳台法律研究会副会长、上海仲裁委员会仲裁员、上海联合律师事务所律师。

2000年，获上海市三八红旗手、上海市统一战线为两个文明建设服务先进个人荣誉称号；2003年，获第六届华东地区大学出版社优秀专著二等奖和上海市法学会学术著作奖二等奖；2009年，获第八届华东地区大学出版社优秀教材二等奖。为九三学社第十二届中央委员会委员、上海市第十五届委员会常委、宝山区第五届委员会主委，上海市第十一届政协常委、宝山区第五届政协副主席。

徐静琳主编《行政法与行政诉讼法学》（第三版）书影

2018年8月，徐静琳在上海图书馆作"回顾与展望：'一国两制'与香港发展"专题讲座

柴国强，1963年生，浙江上虞人。

1985年，本科毕业于上海工业大学计算机科学与技术专业。现任上海大学日本校友会会长。现携手中国科协属下的中科民生集团和日本冈山大学等日本企业与机构，一起投资和筹建上海大学附属中日友好医院。

曾任美国高盛投资集团日本分公司副总裁。2005年回国后，由日本软银和上海大学共同出资，组建上海吉柴电子信息技术有限公司，从事酒店宾馆IPTV事业，后期与华住集团、首旅如家集团、格美集团一起投资创建上海立名智能科技有限公司和涟泉酒店管理公司，从事酒店机器人事业和温泉康养事业，并任董事长。

2018年3月，柴国强在上海大学日本校友会成立大会上致辞

柴国强与上海大学校友风采采访团成员合影

奚美娟，1955年生于上海。国家一级演员。

现任上海大学上海电影学院首席教授。

1977年，毕业于上海戏剧学院。现任中国文联副主席、中国电影家协会副主席、上海市文联主席。1988年，出演中国首部写意话剧《中国梦》，获中国戏剧梅花奖。1990年，参演首部电影《假女真情》，获第11届中国电影金鸡奖最佳女主角奖。2000年，在电视剧《红色康乃馨》中饰演反派人物蓝思红，获第21届中国电视剧飞天奖优秀女演员奖。2004年，参演电视剧《坐庄》，获第五届金鹰节观众喜爱的电视剧女演员奖；同年，担任第24届中国电影金鸡奖评委。2017年，获第13届中美电影节金天使奖杰出成就大奖。2021年，获首届柬埔寨亚洲电影节"金隆都奖"终身成就奖，国家话剧院授予的荣誉演员称号。为中国共产党第十七、第十八次全国代表大会代表，第十至第十二届全国人民代表大会代表。

2016年6月，奚美娟在上海大学上海电影学院陈凯歌院长及首席教授媒体见面会上

奚美娟参演的电视连续剧《徐霞客游记》海报

高香，1969年生，上海人。中共党员。

1990年，毕业于上海科学技术大学物理系电子物理实验专业。

历任中国科学院上海原子核研究所技术员，上海市宝山区政府办公室副主任，上海市宝山区民政局党委书记，宝山区政府办公室主任、外事办主任，上海市虹口区副区长、区委政法委副书记，中共上海市虹口区委常委、副区长、区委政法委副书记，中共虹口区委常委、副区长、区政府党组副书记。现任中共上海市嘉定区委副书记、区长、区政府党组书记。

为上海市第十五届人民代表大会代表。

2022年7月，高香做客上海人民广播电台"2022夏令热线区长访谈"

高韵斐，1966年生，江苏海门人。中共党员。硕士。主任编辑。

1986年，毕业于上海大学文学院社会学专业，获法学学士学位。

曾任上海电视台节目主持人、团委书记、新闻中心副主任，上海有线电视台副台长，上海文广新闻传媒集团第一财经传媒有限公司董事、总经理，上海报业集团党委副书记、总经理、副社长，上海世纪出版集团党委书记、总裁，上海广播电视台、上海文化广播影视集团有限公司委员会副书记，上海广播电视台台长，上海文化广播影视集团有限公司总裁。现任中共上海市委宣传部副部长、上海市电影局局长。

曾获上海市新长征突击手、全国广播电影电视系统先进工作者、黄浦十佳青年、中国新闻奖、中国电视新闻奖、上海新闻奖、第二届全国金话筒奖最佳广播电视节目主持人评选银奖、全国百优广播电视节目主持人等荣誉称号和奖项。2004年，被北京大学文化产业研究所和国家文化产业创新与发展研究基地评选为2003年度"中国文化产业发展人物志"中十五位代表人物之一，收录于《中国文化产业年度发展报告（2004）》。为上海市第十五届人民代表大会代表。

2021年6月，高韵斐在上海国际电影电视节新闻发布会上发言

郭长刚，1964年生，山东日照人。九三学社成员。博士。教授。

2004—2015年，任上海大学文学院副院长。2005—2014年，历任上海大学研究生部（研究生院）主任、副院长、常务副院长。2011—2013年，任上海大学人文社会科学处处长。在上海大学建立世界史学科、土耳其研究中心、中国—阿根廷国际联合研究中心、拉丁美洲研究中心、全球问题研究院、宗教与全球政治研究院等，并任上海大学战略研究院副院长、中国—阿根廷国际联合研究中心中方主任、土耳其研究中心主任。兼任中国世界古代史研究会常务理事、中国中东学会常务理事、中国宗教学会理事、上海市世界史学会副会长。

1998年，获复旦大学历史学博士学位。曾赴香港中文大学崇基学院神学院、美国加州大学圣巴巴分校宗教学系（富布莱特项目）访学。是国际全球学社群的学术顾问，全球学国际高校联盟执委会委员，土耳其广播电视总局"世界论坛"学术顾问。现任上海社会科学院历史研究所所长。

2009年、2017年，获上海市优秀教学成果奖一等奖；2013年，获上海市教学成果奖特等奖；2014年，获上海市育才奖；2014年，获国家教学成果奖二等奖；2017年，获上海市领军人才称号。为中国人民政治协商会议第十三届全国委员会委员，九三学社上海市委常委，上海市第十二届政协委员，上海市宝山区第七届政协委员。

2018年3月，郭长刚（前排右五）主持的教育部哲学社会科学研究重大课题攻关项目开题报告会在学校召开

2019年12月，郭长刚在上海大学文学院主办的"孔子文化月"闭幕式上演讲

郭本瑜（1942—2016），浙江宁波人。中共党员。计算和应用数学家，教育家，中国谱方法研究的开拓者。

1965年，毕业于上海科学技术大学数学系，留校工作。1984年，被教育部特批为教授。1984—1987年，任上海科学技术大学副校长、校长。1994—1996年，任上海大学常务副校长。1996—1999年，任上海大学正局级巡视员。

1979—1981年，先后在法国法兰西学院和法国国立信息与自动化研究所进修，并应邀到欧美10余所大学讲学。2004年，获英国萨尔福大学名誉科学博士学位。1999年，入职上海师范大学，任正局级巡视员、数理学院博士生导师、名誉院长。2002年，组建上海市高等学校计算科学E-研究院，任首席研究员。2007年，组建上海市高校科学计算重点实验室并任主任。历任中国数学会理事，中国计算数学学会副理事长，上海市数学会副理事长，上海市计算数学学会首任理事长，BAIL国际学术指导委员会委员和名誉委员，英国Caley力学与计算研究所国际学术顾问委员会委员，爱尔兰数值计算和分析研究所（INCA）学术顾问委员会委员。20世纪七八十年代创立的非线性方程离散化的广义稳定性理论，在国际数学界被称为"G（郭）-稳定性"。

1978年，获全国科学大会重大成果奖，被授予在我国科学技术工作中作出重大贡献的先进工作者称号；1986年，获国家教委科技进步奖二等奖；1990年，获国家教委科技进步奖甲类一等奖；1993年，获国家级教学研究优秀成果二等奖、上海市优秀教学成果一等奖；1995年，获国家自然科学奖三等奖。1981年、1983年、1984年，三次获评上海市劳动模范；1982年，获评上海市优秀共产党员；1984年、1986年、1990年，三度获国家有突出贡献中青年专家荣誉称号；1991年，获评全国优秀教师；2004年，获评上海市优秀专业人才。为中国人民政治协商会议第九、第十届全国委员会委员，中共上海市第五届委员会委员，上海市第七届人民代表大会代表，第八届上海市政协常委。

郭本瑜在上海科学技术大学指导研究生

郭本瑜出访英国,与英国那迪市市长会晤

郭本瑜在日本讲学

1988年,郭本瑜在上海工业大学、上海科学技术大学合办的计算机学院成立大会上致辞(中为上海市副市长谢丽娟,右为上海工业大学校长钱伟长)

郭毅可，1962年生，上海人，英国籍。大数据专家，英国皇家工程院院士，欧洲科学院院士。

1997年起，任上海大学计算机应用技术专业博士生导师。2015—2019年，任上海大学计算机工程与科学学院院长。

1987年，毕业于清华大学计算机系计算机专业，获工学学士学位，并成为首批清华硕博连读生。1987年，被公派至英国留学。1994年，获英国帝国理工学院计算机系博士学位。2002年，任帝国理工学院计算机系计算机科学教授；同年，创办英国第一家大数据分析平台公司InforSense。2014年，创建帝国理工数据科学研究所并任所长。2018年，当选为英国皇家工程院院士。2019年，任香港浸会大学副校长。2021年起，任中国碳中和独立非执行董事及薪酬委员会、审核委员会提名委员会成员，集团科技发展委员会主席。主要从事分布式数据挖掘，以及在网格计算、云计算、传感器网络和生命科学领域中的数据科学的研究，多次作为杰出旅英华人代表受到我国国家领导人的接见，为国家科技发展建言献策。曾主持并完成了英国六大E-Science项目之一的"发现网"。

2017年，获江苏友谊奖；2022年，入选中国移动通信联合会元宇宙产业委员会第五批接纳新成员名单。

2018年，郭毅可（前）在上海大学育才大工科——"人工智能"公开课上演讲

2018年9月,郭毅可获江苏省人民政府颁发的"江苏友谊奖"

2019年5月,郭毅可参加国家大数据重大科技基础设施研讨会圆桌论坛

郭礼和（1940—2020），上海人。九三学社成员。分子细胞生物学家，免疫学家，研究员。

1964年，毕业于上海科学技术大学生物物理化学系。

1968年，中国科学院实验生物研究所生物化学专业研究生毕业后留所工作。1980年，赴美国康奈尔大学吴瑞实验室工作。1986—1987年，在美国贝勒医学院进行"神经递质转运蛋白基因"合作研究。1991年，赴香港协助建立"香港生物技术研究院"。1991—2000年，任中国科学院上海细胞生物学研究所所长、研究员，博士生导师。2000年，在中国科学院上海生命科学研究院生物化学与细胞生物学研究所工作。曾任中国细胞生物学学会副理事长、中国生化与分子生物学学会常务理事、中国生物工程学会常务理事、上海市生物工程学会理事长、中国遗传学会理事、上海市生物医药行业协会副会长、*Cell Reseach* 编委等职。曾被上海大学、华东理工大学、中国人民解放军第一军医大学和第三军医大学、上海交通大学等校聘为兼职或名誉教授。现任国家科技部973计划项目咨询组专家、国家SFDA新药评审专家、《中国细胞生物学学报》主编、上海国联干细胞技术有限公司、上海赛傲生物技术有限公司首席科学家。

1990年，获中国科学院科技进步奖一等奖；1991年，获中国科学院科技进步奖二等奖；1993年，获上海市科技进步奖三等奖；2000年，获上海医学科技奖二等奖。1983年，获评上海市劳动模范；1989年，获评中国科学院先进工作者；1994年，获国家有突出贡献中青年专家荣誉称号；1995年，获评上海市科技精英；1996年，获评"八五"国家科技攻关先进工作者。为上海市政协第六至第十届委员会委员。

郭礼和在阅读外文书籍

郭玮，1969年生，上海人。

1991年，本科毕业于上海科学技术大学应用数学专业。2021年，向上海大学教育发展基金会捐赠设立"阳阳教育基金"，助力学校人才培养。

1994年，创立上海新致软件股份有限公司并任董事长。专注于金融领域的信息化、数字化，提供行业信息化通用解决方案。经过20余年的发展，荣获"高新技术企业""上海市企业技术中心""上海市科技小巨人企业""上海软件企业规模百强"等称号，并拥有软件企业和软件产品"双软"认证，ISO27001、ISO9001、ISO20000、CMMI5和软件服务商一级交付能力评估。2020年，新致软件成功登陆上交所科创板并获评"2020中国软件和信息服务业年度金融行业领军企业"。

上海新致软件股份有限公司曾获"2020—2021中国大数据产业领军企业""2020—2021年度互联网产业标杆企业""2021中国金融数字化转型先锋企业Top50"等行业协会颁发的权威奖项。

2020年11月，郭玮在新致软件首次公开发行股票并在科创板上市网上投资者交流会上发言

唐冰,江西上饶人。中共党员。博士。中国人民解放军少将。

2005年,获上海大学法学院宪法学和行政法学专业硕士学位。

为中国人民解放军新型军级作战部队首位女主官,2019年国庆阅兵中的女兵方队领队。

为上海市第十四、第十五届人民代表大会代表。

唐冰接受央视"国防军事"频道采访

2019年10月,唐冰任国庆70周年阅兵式女兵方队领队

唐豪，1955年生，上海人。硕士。教授。

1993—1999年，任上海大学国际商学院院长、教授。1999—2001年，任上海大学国际工商与管理学院院长、教授。2001年，任上海大学巡视员、教授。2006—2011年，任上海大学副校长、教授，兼悉尼工商学院院长。

1985年，获上海财经大学贸易经济系商业经济专业经济学硕士学位后留校任教。曾任上海财经大学贸易经济系副主任、教务处主任、教授。曾兼任上海市政府参事、上海市人民政府决策咨询专家、上海市工商联合会副主席、上海市商会副会长、上海市民营经济联合会会长。聚焦产业经济学，重点研究项目包括产业发展环境优化、产业链集聚形态、企业技术创新系统、区域商业地产开发模式等。先后发表学术论文50余篇，出版著作近10本；承接国家社会科学基金项目3项，霍英东青年教师基金项目1项，上海市及省部级课题20余项。

1994年，获上海市第二届哲学社会科学优秀成果奖著作类二等奖；1998年，获上海市第四届哲学社会科学优秀成果奖论文类三等奖；获1997年度上海市劳动模范称号。为上海市第十、第十一届人民代表大会代表，第十届上海市政协常委。

1999年8月，唐豪在为学生讲课

谈士力，1966年生，上海人。博士。教授。

1989年、1992年，本科、硕士毕业于上海科学技术大学精密机械工程系机械设计及制造专业，后获东南大学精密仪器及机械专业博士学位。1992—1994年，任上海科学技术大学讲师。1994—2006年，历任上海大学精密机械系副教授、教授。2006—2015年，任上海大学机电工程设计院教授。

2003年，创立上海克来机电自动化工程有限公司，历任公司全资子公司的监事、董事、总经理，公司董事长兼总经理。2017年，公司在上海证券交易所主板成功上市。

曾获上海市科技进步奖二等奖两次、三等奖两次。

2017年，谈力士在克来机电首次公开发行A股上市仪式上

陶飞亚，1951年生于山东益都，祖籍上海嘉定。博士。教授。

2001年起，任上海大学中国近现代史博士生导师。2005—2011年，任上海大学文学院执行副院长、院长。2012年，任上海大学博物馆（筹）馆长兼上海大学宗教与中国社会研究中心学术总监。现为上海大学文学院历史系教授。

1985年，获山东大学历史系近代对外关系专业硕士学位后留校任教。1988—1990年、1993—1994年，先后赴美国纽约市立学院历史系、北卡罗来纳州立大学历史系、英国伦敦大学亚非学院历史系做访问学者。1999年，赴台湾大学历史系做访问研究。1998—2001年，在香港中文大学修读博士课程，2001年获香港中文大学宗教研究哲学博士学位。1999年，在山东大学晋升为教授。兼任中国义和团研究会副理事长、上海市历史学会副会长、上海市宗教学会副会长。

2003年，获《文史哲》杂志"名篇奖"；2004年，获上海市育才奖；2006年，获上海市第八届哲学社会科学优秀成果奖二等奖；2007年，获王宽诚育才奖；2017年，获上海市教学成果奖一等奖。为上海市宝山区第六届人民代表大会代表。

2012年12月，陶飞亚（前排左三）主持的国家社科基金重大项目"汉语基督教文献书目的整理与研究"开题会在学校召开

陶德华，1941年生，江苏吴江人。教授。

1981年，入职上海工业大学。1994年后，任上海大学机电工程与自动化学院教授。

1963年，毕业于华东化工学院有机系石油炼制专业。历任石油部上海炼油厂研究所技术员、工程师，中国机械工程学会摩擦学分会润滑技术委员会副主任，上海交通大学兼职教授。曾任上海发明协会职工科技中心常务理事。主要从事机械设计与理论、摩擦学、摩擦与润滑化学、润滑添加剂与纳米等方面的教学和研究。先后获国家发明专利20多项。

1965年，获上海市红旗青年突击手称号；1983年，获上海市重大科技成果集体二等奖；1985年，获国家技术发明四等奖；1986年，获电子工业部科技成果奖二等奖；1989年，获上海市科技进步奖二等奖。

2019年，陶德华获"庆祝中国人民共和国成立70周年纪念章"

陶鑫良，1950年生，上海人。硕士。教授。专利代理人，律师，仲裁员。

1975年，于上海机械学院钢铁冶金专业毕业后留校工作。1994—2009年，历任上海大学专利事务所副所长、所长，知识产权学院副院长、院长及法学院副院长。2011—2016年，任上海大学知识产权学院院长。

1990年，在复旦大学管理学院获硕士学位。2009—2011年，任同济大学知识产权学院院长。2016—2021年，任大连理工大学知识产权学院院长。长期从事知识产权教学、研究和法律服务。曾兼任第一至第四届国家知识产权专家咨询委员会委员，第一至第三届上海市政府立法咨询专家和上海市人大常委会立法咨询专家，第一至第六届上海市知识产权专家咨询委员会副主任、委员，第四、第五届上海市法学会常务理事及学术委员，第一至第五届全国律师协会知识产权专委会副主任等。多年担任中国知识产权法学研究会副会长、中国科学技术法学会副会长、中国知识产权研究会副理事长等。曾参加我国各部知识产权法律、《合同法》等立法研究和国家知识产权战略制定研究，曾代理上千件知识产权诉讼或非讼案件。曾获上海市科技进步奖和上海市优秀教学成果奖等；2019年，获评上海"东方大律师"；2015—2022年，连续八年获评钱伯斯国际"中国知识产权诉讼最杰出（业界贤达、业界元老）律师"。

2019年9月，陶鑫良在第十届中国知识产权年会上演讲

陶鑫良在给学生上课

黄宏嘉（1924—2021），生于北京，湖南临澧人。中共党员。微波和光波导学家，中国科学院院士。

1979—1987年，任上海科学技术大学副校长，兼任上海光纤技术与现代通信研究所所长、《应用科学学报》杂志主编。1987—1994年，任上海科学技术大学名誉校长。1994年，任上海大学教授、名誉校长。2006年，受聘为上海大学终身教授。

1944年，毕业于西南联大。1946年，赴美国留学。1949年，在美国密西根大学研究生院获理学硕士学位。1949年回国，历任北方交通大学教授、代系主任，中国科学院电子研究所微波传输研究室主任，国家科委301工程北京中心研究室主任，中国科学院上海光学精密机械所研究员、理论研究室主任、所学术委员会副主任。长期从事微波与光纤传输研究，为我国微波技术及光纤技术的应用与发展作出了重要贡献。所著《微波原理》（1963年出版）是国内在该领域的第一本专著。1980年，研制出我国的第一根单模光纤，成为我国单模光纤技术的开拓者；同年，当选为中国科学院学部委员（院士）。1981年，领衔建立上海科学技术大学第一个博士学位授权点——电磁场与微波技术专业博士点。他创立的光纤传输"超模式"理论被国际同行称为"黄氏模式"，1986年，美国媒体报道正在美国召开的第十届国际光纤通信会议时，称其和另四位科学家为世界"光纤之父"。1997年，在国际上首次提出并制出宽带光纤波片，被贝尔实验室命名为"黄氏波片"。1998年，美国国家标准技术研究所将"黄氏波片"列为光纤偏振标准。

1978年，获全国科学大会重大贡献奖；1982年，获IEEE MTT-s主题论文奖；1987年，获国家自然科学奖二等奖；1988年，获国家科技进步奖二等奖；1994年，获全美仪器学会杰出论著奖；1998年，获何梁何利基金科学与技术成就奖。

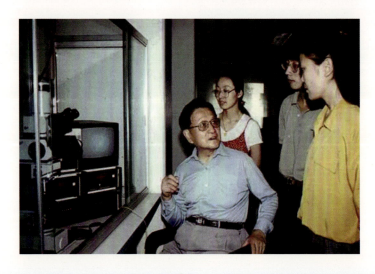

2000年，黄宏嘉在上海大学通信与信息实验室

1982年，黄宏嘉获IEEE MTT-S主题论文奖

1983年，黄宏嘉在上海科学技术大学主持博士生论文答辩

黄宏嘉在上海大学特种光纤实验室指导青年教师

2000年，黄宏嘉在上海大学通信与信息实验室

黄永平，1965年生，江苏宿迁人。中共党员。副教授。

1988年，毕业于上海工业大学通信工程专业，获学士学位。毕业后留校，曾任上海大学国际商学院党委副书记、外国语学院党委书记。

2008年后，历任上海市住宅发展局局长助理兼城镇住宅处处长，建设交通工作党委组织处处长、干部处处长，房地资源局副局长，上海市住房保障和房屋管理局副局长、党组成员，中共上海市闸北区委常委、副区长，上海市体育局党委书记、副局长，上海市体育局党委书记、局长，上海市住房和城乡建设管理委员会主任。现任上海市政府副秘书长。

2008年9月，黄永平做客东方网嘉宾聊天室

黄黔（1942—2014），福建清流人。中共党员。博士。教授。

1966年，本科毕业于中国科学技术大学近代力学系。1978年，考入清华大学力学专业研究生，1983年跟随导师钱伟长教授到上海工业大学继续攻读博士。1985年，获固体力学专业工学博士学位，是上海工业大学第一位博士生。1989年，在加拿大协和大学获复合材料与结构哲学博士学位。在上海工业大学获博士学位后留校工作，曾任上海工业大学教授、校长助理、副校长，上海大学教授、副校长。1994年，主持上海大学与澳大利亚悉尼科技大学合作创办的上海大学悉尼工商学院，并任首任院长。

1997年后，历任国家教委科技司副司长，教育部科技司司长，国务院研究室社会发展研究司司长，中国科学院中国现代化研究中心客座研究员，中国力学学会特邀理事，《应用数学和力学》编辑部常务编委，《草业学报》顾问，中国国际工程咨询公司专家委员会秘书长、副主任，西安交通大学公共政策与管理学院教授、博士生导师，华东师范大学高等教育研究所教授、博士生导师，兰州大学草地农业科技学院教授、博士生导师，兰州大学草地农业生态系统国家重点实验室学术委员会委员等职。在国内外力学杂志上发表论文20余篇，出版专著多部，在国务院研究室参与起草关于科技、教育、卫生、体育、民族、宗教、人口、资源、环境、民政、廉政及地震等方面的研究报告和政策性文件数十项，参与撰写决策参考等政策咨询报告40余篇。

1994年，黄黔和澳大利亚悉尼科技大学校长为上海大学悉尼工商学院揭牌

1993年，黄黔和钱伟长校长合影

曹家麟，1948年生，上海人。中共党员。教授。

1977年，毕业于上海机械学院电机工程系电磁测量技术及仪表专业。1977—2004年，历任上海工业大学（上海大学）自动化学院教研室主任、系主任，上海大学科研处处长，上海大学党委常委、副校长，上海大学微电子研究与开发中心首任主任。

1989—1990年，在加拿大瑞尔森大学做高级访问学者。1990—1991年，在美国加州太平洋连接公司做合作科学研究。2002年，到美国加州州立大学富尔顿分校与该校副校长跟班交流工作。2004年，任上海电力学院校长。曾任教育部第五届科技委员会委员、上海市第四期重点学科电气工程学术带头人、教育部高等学校机电类专业教学指导委员会委员、中国金属学会冶金自动化专业委员会主办的全国第七届工业控制系统应用学术会议的大会主席、上海市高校科技管理协会副理事长。

1985年，获上海市科技进步奖二等奖；1989年，获上海市科技进步奖三等奖；1995年，获上海市科技进步奖三等奖；1997年，获上海市科技进步奖三等奖；2004年，获上海市科技进步奖二等奖。1995年，获全国先进教师荣誉称号；1998年，获全国模范教师荣誉称号；2000年，获全国先进工作者荣誉称号。

2001年，曹家麟和钱伟长校长合影

2001年，曹家麟在上海大学接待来访外宾

曹鹏，1925年生，江苏江阴人。中共党员。国家一级指挥。

2013年起，任上海大学大学生艺术中心艺术总监、上海大学音乐学院名誉院长。

1949年，先后进入华中建设大学、山东大学文艺系学习指挥，后任部队文工团指挥、电影乐团指挥，为《龙须沟》等几十部电影录配音乐。1955年，赴苏联莫斯科柴可夫斯基音乐学院留学，其间曾多次举行交响音乐会，演出歌剧《塞维利亚的理发师》，并指挥苏联广播交响乐团演出中国作品专场。1961年回国，任上海交响乐团指挥；1981年，应邀任上海音乐学院指挥专业客座教授。1988年，兼任上海室内乐团团长、首席指挥；同年，任上海乐团艺术总监、首席指挥及上海声乐爱好者协会主席。1993年，兼任马可波罗交响乐团艺术总监、首席指挥。1994年，兼任上海市中学生（南洋模范中学）交响乐团艺术总监及首席指挥。1997年，兼任上海市大学生交响乐团（上海交通大学）艺术总监及首席指挥，并受聘为上海交通大学兼职教授。2010年，任上海市学生交响乐团的首席指挥。2014年，任首届在上海大学音乐学院举行的中国上海国际大学生钢琴比赛评委会主席。

1986年，获首届上海文学艺术奖；1991年，获国务院表演艺术突出贡献奖；2018年，获上海市教育发展基金会首批关爱青少年成长特别贡献奖；2019年，获"终身成就音乐艺术家"荣誉称号；2020年，获第十一届中华慈善奖；2021年，获慈善楷模、第八届全国道德模范荣誉称号。曾获评国务院"表演艺术突出贡献个人"、全国文化系统先进工作者、第七届中国金唱片组评委会指挥奖、全国最美志愿者、全国助残先进个人等。

2011年，曹鹏在上海大学新年音乐会上指挥上海大学乐团演出

龚幼民，1939年生，上海人。教授。

1994年起，在上海大学机电工程和自动化学院任教授、博士生导师。

1962年，毕业于清华大学电机系。1962—1970年，在安徽工学院任教。1970—1972年，在合肥工业大学任教。1972—1993年，在淮南矿业学院任教。主要从事电机及电力传动、电力电子技术、自动控制等方面的教学和研究。发表学术论文60余篇。出版专著教材五部。

1987年，获国家科技进步奖三等奖；曾获省部级科技进步奖一、二、三等奖共八项，获国家有突出贡献中青年专家荣誉称号。

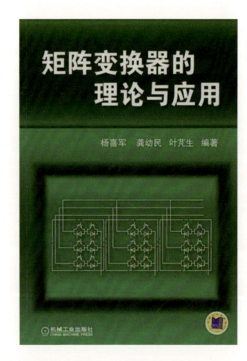

龚幼民参编《矩阵变换器的理论与应用》书影

龚思怡，1970年生，江苏镇江人。博士。研究员。

1992年，毕业于上海工业大学通信及电子工程系广播电视专业，获工学学士学位。1995年，毕业于上海大学通信与电子工程系通信与电子系统专业，获工学硕士学位。2007年，毕业于澳大利亚悉尼科技大学国际研究院国际研究专业，获哲学博士学位。1995年起，历任上海大学悉尼工商学院副院长，国际交流学院副院长，悉尼工商学院执行副院长，上海大学外事处处长，校长助理，悉尼工商学院院长，上海大学温哥华电影学院院长，上海大学党委副书记、副校长。

2022年，任上海电机学院党委副书记、院长。长期从事教育管理及教育国际合作，致力于跨境教育、中外合作办学、党建、人事制度改革等领域的研究，主持并参与了十余项教育部和上海市的课题研究。

曾获上海市教学成果奖一等奖、二等奖等奖项。为上海市政协第十三届委员会委员、上海市社联第七届委员会副主席。

2021年5月，龚思怡参加"上大师生心向党 同心接力绣党旗"起针仪式并讲话

2022年1月，龚思怡出席上海大学校友会第二届理事会第二次会议

龚振邦，1941年生，上海人。中共党员。教授。

1964年，毕业于上海科学技术大学精密机械专业。1985—1986年，在英国威尔士大学惠斯格拉摩根学院做访问学者，合作研究机器人与柔性自动化技术。曾任上海科学技术大学精密机械工程系主任，上海大学副校长、校学术委员会常务副主任、上海大学精密机械研究所所长、机械电子工程教育部国家重点学科建设负责人。2011年，受聘为上海大学终身教授。

曾任教育部科技委员会委员、国家863计划智能机器人主题专家组专家、国家863计划微机电系统（MEMS）技术发展战略研究专家组副组长、国家自然科学基金委员会工程与材料学部机械学科评审组组长、中国机电一体化技术应用协会副理事长、《电子机械工程》杂志编委会副主编、《机器人》杂志编委、国际先进机器人计划（IARP）理事会成员、美国新墨西哥大学机械工程系机器人研究室研究教授等。

1985年，获电子部科技进步奖二等奖；1987年，获国家科技进步奖一等奖；1992年，获上海市科技进步奖二等奖；1993年，获上海市科技进步奖二等奖。曾获国家有突出贡献中青年专家、全国有突出贡献留学归国人员、全国优秀教师、上海市劳动模范、上海市高校优秀教师等荣誉称号。

龚振邦在上海大学实验室

2021年6月，龚振邦出席上海大学校友会第二届会员代表大会第一次会议

梁辰，1989年生，江苏徐州人。网球运动员。

上海大学管理学院2017届工商管理专业体育特长班学生。

2008年，获国际网联女子巡回赛印尼Tarakan站（10K）单打冠军、印尼Bulungan站（10K）单打冠军、中国潜山站单打亚军，"梅赛德斯－奔驰杯"中国网球大奖赛女单冠军。2009年，获国际网联女子巡回赛中国广州站（10K）单打亚军和双打冠军、韩国Incheon站单打亚军、中国潜山站单打亚军和双打冠军、韩国Gimhae站双打亚军，第十一届全国运动会网球项目女子团体第4名、混合双打第8名、女子双打第6名。2014年，获广州国际女子网球公开赛女子双打冠军。2015年，获WTA马来西亚公开赛女子双打冠军、WTA斯特拉斯堡公开赛女子双打冠军、珠海WTA超级精英赛女子双打冠军、WTA125K泰国华欣网球赛女子双打冠军。2017年，第十三届全国运动会女子双打冠军。2018年，获WTA国际巡回赛土耳其伊斯坦布尔赛女子双打冠军

梁辰在比赛场上　　梁辰获"梅赛德斯—奔驰杯"中国网球大奖赛女单冠军

彭沉雷，1962年生，北京人。中共党员。博士。高级经济师。

1982年，毕业于复旦大学分校中文系秘书专业。2007年，在上海大学社会学专业获法学博士学位。1982年毕业后留校，曾任复旦大学分校党委宣传部干事，上海大学文学院秘书学系副主任、《秘书》杂志编辑部主任、院党委办公室主任、院党委副书记，上海大学团委书记。

1996年后，历任上海市青浦县副县长、青浦区副区长、奉贤区区长、中共崇明县委书记、上海市委副秘书长。现任上海市副市长，上海行政学院院长。

为中国共产党第十九次全国代表大会代表，第十一届上海市委委员，上海市第十五届人民代表大会代表。

2018年5月，彭沉雷调研光明粮食产业科技园

彭宏陵，笔名玄陵，1959年生于上海，日本国籍，日文名堀池宏（Horiike Hiroshi）。

上海大学国际商学院日语专业1983届毕业生。为上海大学董事会第一、第二届名誉董事。2016年、2018年，两次获上海大学颁发的"校友卓越贡献奖"。

为香港宏马国际集团有限公司创始人。数十年来致力于慈善及公益事业，捐建学校、图书馆、体育馆，并设立多项奖学金等。先后为上海大学捐赠人民币1400余万元，支持学校教育发展事业。其所有慈善捐赠均来自其个人财产，承诺90%的私财都将用于公益慈善事业。热心动物保护事业，创立世界爱犬联盟，努力推动世界各国（地）制定相应法律。

2018年，彭宏陵（右）获上海大学"校友卓越贡献奖"证书

彭宏陵为世界爱犬联盟创始人

斯晓夫，1954年生，浙江诸暨人，美国籍。博士。教授。

20世纪80年代初，曾师从上海工业大学胡钟京教授，学习管理。2008—2010年，任上海大学管理学院院长、博士生导师、经济管理学科学位委员会主席等职。

1991年、1996年，在美国华盛顿州立大学商学院分别获管理学硕士与博士学位。1996—2002年，先后任教于香港中文大学工商管理学院、新加坡国立大学工商管理学院、加拿大康大约翰莫尔森商学院。2006—2007年，任香港科技大学工商管理学院访问教授。2002年至今，任美国宾夕法尼亚州布鲁斯堡大学管理学院终身教授。曾任浙江大学"求是"讲座教授、管理学院创业研究所所长、博士生导师，同济大学"同济"讲座教授、全球创新中国创业研究所联席所长、博士生导师。为美国宾州州长教育科技管理咨询委员会成员，美国百盛商学院、麻萨诸塞州立大学、清华大学等校管理学院终身教授评审专家。兼任或曾兼任清华大学企业发展与安全研究中心首席研究员，南开大学创业研究中心学术顾问，清华大学创新研究基地国际咨询委员，上海管理科学学会副理事长，中国工业经济学会副理事长，中国管理科学与工程学会常务理事。共发表学术论文几十篇，部分论文发表在世界顶级管理期刊（JAP）与世界顶级应用管理刊物（AME/AMP）上，并取得10多项研究资助项目。

斯晓夫在作学术演讲

董乃斌，1942年生，江苏扬州人。中共党员。硕士。

2001年起，在上海大学任教。任上海大学文学院教授、《上海大学学报（社会科学版）》主编，兼任中国社会科学院研究生院教授、博士生导师。2009年，受聘为上海大学终身教授。

1963年，毕业于复旦大学中文系。1981年，获中国社会科学院研究生院文学硕士学位。1963年起，在中国科学院文学研究所（后属中国社会科学院）工作，曾任中国社会科学院文学研究所研究员、副所长，兼该院研究生院教授、博士生导师。兼任中国唐代文学学会副会长、中国李商隐研究会会长、中国闻一多研究会副会长、上海古典文学学会副会长等。主要从事唐宋文学、诗学、小说学和文学史学等方面的教学和研究。

曾获首届中国民间文艺山花奖二等奖，第14届中国图书奖，第19届北方15省市自治区社科优秀图书奖，上海市第六届哲学社会科学优秀成果奖三等奖，中国社会科学院优秀著作二等奖；1992年，获国家有突出贡献中青年专家荣誉称号。

董乃斌主编《中国文化读本》书影

董乃斌参加学术会议

董远达，1942年生，浙江鄞县人。

1965年，毕业于上海工学院冶金系。1993年，任上海工业大学材料科学与工程系教授、博士生导师。1998年起，历任上海大学材料科学与工程学院副院长、上海大学材料研究所所长。1999年，任上海大学图书馆馆长、《自然杂志》主编。2000年，兼任上海大学情报研究所首任所长。2011年，受聘为上海大学终身教授。

1965年，入职中国科学院金属研究所，任研究实习员、助理研究员。1979—1981年，赴英国索塞克斯大学应用科学学院从事研究工作。1984年起，任中国科学院固体物理研究所副研究员、研究员，研究室主任，副所长兼业务处长。主要从事非晶态金属及急冷微晶合金材料物理的研究。曾任国家自然科学基金委员会工程与材料学科专家评审组成员。

曾获中国科学院科技进步奖二等奖；1991年，获评全国有突出贡献留学归国人员。

2000年，董远达（左）陪同钱伟长校长在上海大学图书馆向前来视察的全国政协副主席任建新介绍图书馆藏书

2015年12月，董远达（前排右四）参加探索高级科普期刊办刊之道暨《自然杂志》办刊创新实践总结座谈会

董瀚，1962年生，江苏徐州人。中共党员。博士。教授级高级工程师。

2016年，入职上海大学。现任上海大学材料科学与工程学院院长、教授兼北京钢铁研究总院结构材料研究所所长。

1982—1985年，在南京物资学校任教。1997年，获清华大学金属材料与热处理专业博士学位。1988—2018年，历任钢铁研究总院结构材料研究所副所长、所长、副院长。2008年起，任科技部"新一代高性能合金钢"高技术创新团队负责人，国家973项目"高性能钢的组织调控理论与技术基础研究"首席科学家。兼任先进钢铁材料技术国家工程研究中心、中联先进钢铁材料技术有限责任公司总经理，国家"十五"863计划"高性能结构材料技术"主题专家组成员，中国金属学会理事，中国金属学会特殊钢分会常务理事、秘书长。

曾获国家科技进步奖一等奖一项，国家科技进步奖二等奖两项，国家技术发明奖二等奖一项，省部级科技奖励十七项。2005年，获评全国劳动模范；2007年，入选新世纪百千万人才工程国家级人选，获中宣部"时代先锋"称号。

2018年，董瀚在国家科学技术奖励大会会场外留影

蒋锡夔（1926—2017），江苏南京人。中共党员。有机化学家，中国科学院院士。1994年，受聘为上海大学双聘院士，任上海大学环境与化学工程学院院长。

1947年，毕业于上海圣约翰大学化学系并获特等荣誉学士学位。1952年，获美国华盛顿大学有机化学博士学位后，在美国凯劳格公司从事科研工作，合成了一类新的氟化合物。1955年回国，投入国防急需的绝密军工项目，先后主持并成功研制出我国第一代氟橡胶、氟塑料产品。1978年，响应科学院号召把科研重心转移到基础研究上，创立了中国科学院第一个有机物理实验室。历任中国科学院上海有机化学研究所研究员、博士生导师、学术委员会主任，联合利华研究所主任。1991年，当选为中国科学院学部委员（院士）。

1982年、1992年，两次获国家自然科学奖三等奖；1992年，获中国科学院科技进步奖二等奖两项；1999年，获中科院自然科学一等奖；2001年，获中科院自然科学奖一等奖；2002年，获国家自然科学奖一等奖。1989年，获国务院授予的全国优秀归侨、侨眷知识分子称号；2005年，在上海科技大会上获科技功臣称号。为上海市第六至第八届政协委员。

蒋锡夔指导学生实验

蒋锡夔在凯劳格公司工作

1981年，蒋锡夔和助手们在实验室讨论工作

蒋锡夔在给学生上课

蒋卓庆，1959年生，浙江慈溪人。中共党员。高级经济师，高级会计师。

2000年，获上海大学管理工程专业管理学学士学位。

1980年，在上海市财经学校财政专业学习。1983—1986年，在上海电视大学财政专业学习。1982年，进入上海市财政局工作。1993年起，历任上海市财政局、市税务局第一分局局长、党组书记，上海市财政局（市地税局）副局长。2002年起，历任中共上海市杨浦区委副书记、代区长，上海市劳动保障局局长、党组书记，上海市政府副秘书长，市财政局局长、党组书记。2013年起，历任上海市副市长，上海虹桥商务区管委会主任，江苏省委常委、省纪委书记、省监察委员会主任。2020年，任上海市人民代表大会常委会主任、党组书记。

为中国共产党第十九次全国代表大会代表，第十九届中央纪律检查委员会委员。

2016年8月，蒋卓庆（右三）调研上海市嘉定区江桥镇生态环境综合治理情况

程杰，1957年生，上海人。博士。

1982年，本科毕业于上海科学技术大学计算机专业。为上海大学北京校友会会长。

1983年，进入美国密歇根大学安娜堡分校就读，先后获计算机科学工程硕士和人工智能专业博士学位。曾任职于美国Acxiom、JD Power and Associates、福特汽车等多家公司，主管数据分析产品及咨询业务。2016年，在美国硅谷设立总部Gausscode Technology Inc.；同年，在北京成立中国研发中心，在上海、重庆、南京、广州等地设立行业中心。现为美国硅谷创业公司Gausscode Technology Inc.和北京高科数聚创始人和CEO。为国务院学位办全国应用统计专业学位研究生教育指导委员会大数据专家委员，中国科技新闻学会大数据与科技传播专业委员会高级委员，贵阳数谷数据治理研究中心专家委员。

2000年，获亨利·福特技术奖；2005年，获美国运筹和决策科学Edelman年度大奖；2013年，获Stevie产品创新成就奖。2017年，被CDO评为"影响中国大数据产业进程100人之一"。

2016年10月，程杰作"从大数据到微决策"演讲

2018年6月，程杰在上海大学第二届董事会第二次会议上发言

傅家谟（1933—2015），生于上海，祖籍湖南沅江。中共党员。有机地球化学与沉积学家，中国有机地球化学学科奠基人，中国科学院院士。

2005—2015年，受聘为上海大学双聘院士，任上海大学环境与化学工程学院院长、环境污染与健康研究所所长、研究员、博士生导师。

1956年，毕业于北京地质学院沉积学专业。1961年，中国科学院地质研究所研究生毕业后留院任助理研究员。1966年，领导建立中国第一个有机地球化学实验室并任实验室主任，1990年该实验室晋升为国家重点实验室。1988年起，历任中国科学院地球化学研究所副所长，中国科学院广州地球化学研究所学位委员会主任、有机地球化学国家重点实验室主任、学术委员会主任。1991年，当选为中国科学院地学部委员（院士）。1993年，依托国家实验室组建成立广东省环境资源利用与保护重点实验室。兼任广东省科协副主席，中英分子有机地球化学合作项目主任，联合国开发计划署工程（UNDP CPR/80/037）主任。主要从事有机地球化学学科和实验室建设，石油天然气地球化学、环境有机污染、质谱仪器研发与应用等领域的研究。

1978年，获全国科技大会奖；1985年、1987年，分别获国家科技进步奖二等奖、一等奖；1999年、2007年，分别获国家自然科学奖三等奖、二等奖；1979—1999年，获中科院科技进步奖、自然科学奖十三项；1984—1997年，获国家部委奖项四项；1994—2009年，获广东省自然科学、科技进步奖七项和李四光地质科学奖。1984年，获首批国家有突出贡献中青年专家荣誉称号；1990年，获国家重点实验室先进工作者（"金牛"奖）称号。1989年8月28日，作为21位有卓越贡献的科学家之一，受到江泽民、李鹏等党和国家领导人的接见，被国务院授予全国先进工作者称号。

傅家谟在上海大学环境与化学工程学院办公室

2007年,傅家谟获国家自然科学奖二等奖

傅家谟在作学术报告

鲁雄刚，1969年生，四川大竹人。中共党员。博士。研究员。

2000—2003年，任上海大学材料科学与工程学院材料工程系副主任。2003—2007年，历任上海大学党委组织部副部长、部长。2007—2014年，历任上海大学材料科学与工程学院党委书记、院长，上海大学党委副书记，上海市现代冶金与材料制备重点实验室（上海市钢铁冶金新技术开发应用重点实验室）主任。

2014—2021年，任上海科技大学副校长。2021年，任上海电机学院党委书记。现兼任国家科技奖励评审专家，国务院学位委员会全国博士论文抽评评议专家，中国金属学会第八届理事，中国有色金属学会冶金物理化学分会第六届副主任委员，上海金属学会理事，上海市分子研究学会理事，中国金属学会冶金物化分会第五届委员，炼钢分会质量与非金属夹杂物控制专业委员会第五届委员。承担和完成国家973、863计划项目，国家自然科学基金项目，上海市科委重点基础项目等国家及省部级项目30余项。已出版专著一部，申报国家发明专利53项、授权23项，在国内外重要刊物上发表论文250余篇，有230篇次论文被SCI、EI收录。为国家杰出青年科学基金获得者。

曾获全国优秀博士论文奖，上海市技术发明一等奖，上海市科技进步奖二等奖、三等奖等奖项。曾获教育部新世纪优秀人才、上海市领军人才、上海市优秀学科带头人、上海市科技启明星、上海市曙光学者及优秀曙光学者、上海市新长征突击手、宝钢优秀教师、上海高校优秀青年教师等荣誉称号。

2008年，鲁雄刚（右一）在上海大学材料科学与冶金工程学院接待来访外宾

2021年4月，鲁雄刚给师生们上党课

曾凡一，1968年生于上海，祖籍广东顺德。九三学社成员。

1986年，考入上海科学技术大学化学系。

1988年，赴美国留学。2005年，获美国宾夕法尼亚大学医学和理学双博士学位。为国家重大科学研究计划项目首席科学家，教育部长江学者特聘教授，国家杰出青年科学基金获得者，上海交通大学特聘教授。现任上海交通大学医学遗传研究所所长，国家卫健委医学胚胎分子生物学重点实验室主任。

长期从事医学遗传学和发育生物学，尤其是干细胞和哺乳动物胚胎工程等交叉领域的研究，在国际著名期刊 Nature、PNAS、Blood 等发表 SCI 论文 90 余篇，研究成果多次入选"中国基础研究十大新闻"以及"中国十大科技进展新闻"。近年来获得国家自然科学奖二等奖、教育部自然科学奖一等奖、首届第三世界女青年科学家奖、谈家桢生命科学奖创新奖等奖项。任国际干细胞组织（ISCF）秘书长、中国遗传学会第十届理事会常务理事以及人类与医学遗传专业委员会主任委员等重要学术职务。

同时，通过系列科普书籍、科普讲座和特色科普基地，及别具一格的独唱音乐会和上海科学会堂草坪音乐会等活动，向大众和各界高端人才传播医学科普知识以及科学与艺术跨界融合的理念，积极投身各类科普工作，产生了广泛的社会影响。荣获上海科普教育创新奖一等奖（科普贡献奖）、上海市科普工作先进工作者等荣誉，是第十四届上海市人大代表、第十三届上海市政协委员，并任上海市科普作家协会副理事长、上海科学与艺术学会副理事长等社会职务。

2019年7月，曾凡一在以"我和我的祖国——赤子情·报国志"为主题的科学与艺术夏季音乐会上演唱

曾凡一在实验室

曾成钢，1960年生，浙江平阳人。中国农工民主党成员。雕塑家。

2020年，任上海大学上海美术学院院长。

1991年，获中国美术学院雕塑系硕士学位后留校任教。1994—1995年，在意大利波罗尼亚美术学院进修。1996年起，历任中国美术学院雕塑系主任，清华大学美术学院雕塑系主任、美术学院副院长。是中国美术家协会副主席、中国雕塑学会会长，国家重大题材美术创作艺术委员会副主任，中华艺术宫艺术委员会委员。曾任北京2022年冬奥会和冬季残奥会公共艺术委员会委员。研究方向为中国传统雕塑语言现代转化研究。曾多次组织策划具有重要影响的雕塑展览，展览作品被国内外多家博物馆、美术馆收藏。

1989年，作品《鉴湖三杰》获第七届全国美展金奖和刘开渠雕塑艺术基金奖并被中国美术馆收藏；1992年，被提名为联合国教科文组织促进艺术奖候选人；1998年，被中国文联评为"德艺双馨"艺术家；2000年，获评"浙江省十大杰出青年"；2005年，获评全国宣传文化系统"四个一批"人才；2010年、2012年，作品两次获德国北方艺术展大奖；2011年，获《美术报》年度人物奖。为中国人民政治协商会议第十三届全国委员会委员，中国农工民主党中央委员，中国文联第十一届全国委员会委员。

曾成钢雕塑《莲·水》

谢宇，1959年生，江苏镇江人。美国籍。社会学家，美国艺术与科学院院士，美国科学院院士。

1982年，毕业于上海工业大学冶金工程专业。2015年，受聘为上海大学荣誉教授、校董。

1984年，获美国威斯康星大学科学史硕士和社会学硕士学位。1989年，获美国威斯康星大学社会学博士学位。1996年，获美国密歇根大学社会学系正教授职位。2004年，当选为美国艺术与科学院院士。2007年，被授予Otis Dudley Duncan杰出大学讲座教授。2009年，当选为美国国家科学院院士。现任美国密歇根大学、普林斯顿大学终身教授。是香港科技大学、中国人民大学、上海大学、香港中文大学、北京大学的讲座教授。主要研究领域包括社会分层、统计方法、人口学、科学社会学和中国研究，代表性学术专著有《回归分析》《社会学方法与定量研究》《分类数据分析的统计方法》《科学界的女性》《婚姻与同居》《美国的科学在衰退吗？》等。近些年致力于在中国推广实证的社会学研究。发展出一系列分析分类变量的新方法，尤其是对数乘积分层效应模式（又称"UNIDIFF"模式）已成为比较研究中（包括跨国家和跨时间比较）分析离散结果最为标准的统计方法。

2016年1月，谢宇做客文汇讲堂，主讲"中国社会的特色到底在哪里"

谢希德（1921—2000），福建泉州人。中共党员。固体物理学家，教育家，社会活动家。中国科学院院士，第三世界科学院院士，美国艺术与科学院外籍院士。

1959年，负责筹建上海科学技术大学技术物理系并任系主任。

1946年，毕业于厦门大学数理系。1947年，赴美国留学。1949年，获史密斯学院硕士学位。1951年，获麻省理工学院理论物理博士学位。1952年，绕道英国回国并被分配到复旦大学物理系任教授。1956年，被国务院调到北京大学联合筹建半导体专业组，与黄昆教授合作编著并出版的我国第一部全面论述半导体的教材《半导体物理学》，为当时具国际权威的半导体芯片专著。1958年，调回复旦大学，参与学校和中国科学院上海分院联合创办上海技术物理研究所，并任副所长。1980年，当选为中国科学院学部委员（院士）。1983年，任复旦大学校长，成为新中国第一位女性大学校长。曾任中国物理学会副理事长、国际纯粹和应用物理联合会（IUPAP）半导体委员会委员。主要从事半导体物理和表面物理的理论研究，为我国这两方面科学研究的主要倡导者和组织者之一。

先后有五项科研成果获教育部科技进步奖二等奖。1988年，参与编写的《固体物理学（上下册）》获评国家级优秀教材。曾获何梁何利基金科学与技术成就奖，获上海市先进科技教育工作者、全国科学领域先进工作者、全国三八红旗手等荣誉称号。为中国共产党第十二至第十三届中央委员会委员，上海市政协第七届委员会主席。

谢希德工作照

谢希德与学生们在一起

谢希德在复旦大学校园里

谢坚钢，1968年生，浙江宁波人。中共党员。博士。

1990年，毕业于上海工业大学环境与化学工程学院环监专业，获学士学位，并留校工作。曾任校团委副书记、学生宿舍社区管理部副主任、自动化学院党委副书记。2008年，获上海大学社会学专业博士学位。

1999年后，历任上海市徐汇区漕河泾镇副镇长，上海市徐汇区漕河泾街道党工委副书记、办事处主任，上海市徐汇区政府办公室主任，上海市徐汇区副区长，上海市徐汇区委常委、副区长，上海市普陀区委副书记。2015年后，历任上海市杨浦区委副书记，区人民政府副区长、区长。2019年，任上海市杨浦区委书记。

上海市第十五届人民代表大会代表，中共上海市第十一、第十二届委员会委员。

2015年10月，谢坚钢视察调研复旦科技园众创空间

谢坚钢在上海大学作演讲

谢晋（1923—2008），生于浙江上虞。中共党员。电影艺术家，国家一级导演。1995年起，任上海大学影视艺术技术学院院长。

1954年，独立执导淮剧短片《蓝桥会》，开启了导演生涯。1957年，执导的中国第一部彩色电影《女篮五号》获第6届世界青年联欢节举办的国际电影节银质奖章、墨西哥国际电影节银帽奖。1960年，执导的电影《红色娘子军》获得第1届大众百花奖最佳导演奖。1965年，执导的电影《舞台姐妹》获第24届伦敦国际电影节英国电影学会年度奖、第12届菲格拉达福兹国际电影节评委奖。1981年，执导的电影《天云山传奇》获第1届中国电影金鸡奖最佳导演奖。1986年，执导的电影《芙蓉镇》获第7届中国电影金鸡奖最佳故事片奖、第10届大众百花奖最佳故事片奖。1988年，执导的电影《最后的贵族》，获第1届中国电影节荣誉奖。1993年，执导的电影《老人与狗》，获上海电影评论学会"十佳影片奖"。曾任中国文联执行副主席，威尼斯、东京等国际电影节评委，三次担任中国电影金鸡奖评委会主任委员。是美国电影艺术与科学学院委员、美国电影导演工会会员、中国残疾人联合会副主席、复旦大学客座教授。

1987年，获全国五一劳动奖章；1998年，获香港（海外）文学艺术家协会颁发的中华文学及艺术家金龙奖"当代电影大师"称号并获上海市文学艺术杰出贡献奖；2005年，获第25届中国电影金鸡奖终身成就奖；2007年，获第10届上海国际电影节华语电影杰出艺术成就奖。为中国人民政治协商会议第七届全国委员会委员，第八、第九届全国委员会常务委员。

1998年，谢晋和钱伟长校长交谈

谢晋为上海大学影视艺术技术学院的学生签名

谢峰，1968年生，江苏淮阴人。中共党员。硕士。

1991年，毕业于上海科学技术大学应用化学专业。

2001年，获上海海运学院管理学院工商管理专业硕士学位。2005年，赴美国宾夕法尼亚大学沃顿商学院培训学习。参加工作后，历任上海大中华橡胶五厂质检、销售，上海柏福鞋业有限公司开发部销售负责人，上海胶鞋公司团委副书记，上海华谊（集团）公司团委副书记、书记，上海染料有限公司党委副书记、党委书记、总经理，上海市总工会副主席。2006年起，历任上海市金山区委常委、副区长，上海市长宁区委副书记、副区长、区政府党组书记、代理区长、区长，上海市建设交通党委副书记、上海市交通委员会主任、党组书记。现任上海国投公司党委书记、董事长。

为中共上海市第十一届委员会委员。

2018年8月，谢峰走进"夏令热线"，接听市民来电

2021年12月，谢峰任上海大学第三届董事会董事

谢维扬，1947年生于上海，祖籍安徽合肥。博士。教授。

1994年起，曾任上海大学文学院教授、历史系主任，上海大学博物馆（筹）馆长。2001年后，任上海大学博士生导师、上海大学古代文明研究中心主任。

1984年，获吉林大学历史学博士学位。曾任华东师范大学中国史学研究所所长、历史学学科博士后流动站站长，兼任中国先秦史学会副会长、上海历史学会理事。长期从事中国先秦史研究，课题涉及中国文明起源与早期国家、周代家庭形态与婚姻、中国早期文献与古代思想文化等领域。主要著作有《周代家庭形态》《中国早期国家》《至高的哲理：千古奇书〈周易〉》等及论文数十篇；主持主编《上博馆藏战国楚竹书研究》《新出土文献与古代文明研究》等文集；承担国家重点科研攻关项目"中华文明探源工程"预研究的部分项目等。

1994年，获国家教委第一届人文社会科学优秀成果二等奖；1996年，获教育部第二届人文社会科学优秀成果和上海市第三届哲学社会科学优秀成果奖著作类三等奖；2010年，获上海市第十届哲学社会科学优秀成果奖著作类一等奖；2013年，获王宽诚育才奖；2014年，获首届全球华人国学成果奖。

2015年9月，谢维扬（中）参加出土文献与中国古代文明国际学术研讨会

2018年10月，谢维扬参加"新史料与古史书写"学术研讨会

楼巍，1963年生，浙江宁波人。中共党员。硕士。副教授。

1985年、1988年，本科、硕士毕业于上海工业大学自动化系。毕业后留校，曾任上海工业大学自动化系助教、讲师，通信系党总支副书记。1994年后，历任电子电工及控制工程学院党委副书记，上海大学自动化学院党委副书记，学生工作办公室主任。历任上海大学副秘书长、机电工程与自动化学院党委书记。

2004年后，历任上海对外贸易学院党委副书记、副院长，上海戏剧学院党委书记、纪委书记。2019年起，任上海图书馆党委书记。

1999年，获上海市育才奖。

2015年12月，楼巍在上海戏剧学院建校70周年庆祝大会上讲话

2020年11月，楼巍赴上海市研发公共服务平台管理中心调研

裘维国，1947年生于上海，祖籍浙江宁波。中共党员。

1970年，毕业于上海工学院电机工程系电磁测量技术及仪表专业。

参加工作后，历任中国有色总公司东川矿务局办公室主任、机械总厂党委书记，中国有色总公司昆明公司党委委员、组织部部长兼干部处处长、机关党委副书记、纪委副书记、监察室主任，昆明有色冶金设计研究院党委书记、院长（正厅级）。

曾获东川市优秀共产党员、东川市优秀党务工作者、中国有色总公司昆明公司优秀思想政治工作者、云南省优秀企业党委书记、云南省建设厅全省建设系统纪检监察先进个人等荣誉称号。

裘维国在办公室

鲍家善（1918—2003），生于北京，祖籍江苏苏州。中共党员。微波物理学家，教育家。

1983—1994年，任上海科学技术大学物理系教授、博士生导师、名誉系主任、校学术委员会主任。

1940年，获燕京大学物理系学士学位。1943年，获美国圣路易斯华盛顿大学博士学位。1941年，在美国军部航空学校无线电系任教员。1942—1943年，在圣路易华盛顿大学兼任讲师，讲授"中国语"课程。1943—1946年，曾任美国麻省理工学院辐射实验室研究员及美国纽约长岛斯佩里陀螺仪公司的规划工程师。1946年回国，任南开大学物理系教授。1949年起，在中央大学（南京大学）物理系任教授，历任磁学和无线电教研室主任、物理学系副主任。曾兼任浙江省电子学会第二届副理事长，高等学校理科无线电教材编审委员会主任委员，复旦大学电子工程系教授。从事微波天线、微波铁氧体器件和磁控扫描天线的研究。20世纪70年代起，致力于微波超导研究，研制成"三公分和八毫米微波超导检测器"。有专著《微波原理》等。

1978年，获全国科学大会重大成果奖；1987年，获国家教委科技进步奖二等奖；1988年，获国家教委优秀教材奖二等奖；1993年，获上海市优秀教学成果三等奖。为上海市第九届人民代表大会代表。

1999年，鲍家善在上海大学指导青年教师

鲍培伦，1958年生，浙江鄞县人。

1983年，毕业于复旦大学分校政法系，获法学学士学位。

毕业后，在上海市卢湾区律师事务所从事律师工作，先后任该所副主任、主任。1989年，创办上海市恒信律师事务所，是上海市首家以青年律师为主体的合作制（现为合伙制）律师事务所，现任事务所主任、高级律师。为上海仲裁委员会仲裁员、上海国际仲裁中心仲裁员、上海经贸商事调解中心调解员、华东政法大学律师学院特聘教授。曾兼任中华全国律师协会理事、上海市律师协会常务理事、上海市青年联合会常委、上海市卢湾区青年联合会副主席，受聘为上海外贸学院法学院和华东政法大学律师学院特聘教授。

1987年，获评上海市新长征突击手标兵；1988年，获评上海市优秀律师；1989年，获评上海青年十大精英；1999年，获评上海市律师职业道德标兵；2004年，获评优秀民事代理律师。2007年，获评上海首届"东方大律师"。

2011年10月，鲍培伦在新执业律师宣誓仪式上讲话

诸晓波，1970年生，浙江缙云人。中共党员。博士。副研究馆员。

2018年，获上海大学文学院历史学博士学位。

1992年，毕业于吉林大学考古学专业。曾任宁波市文物保护管理所所长、宁波市文物考古研究所所长、宁波博物馆馆长。2010年后，任上海市文化广播影视管理局副局长、上海市文化和旅游局副局长、上海市文物局副局长。2022年，任上海博物馆馆长。兼任上海市文物博物馆系列高级职称评委会主任、中国博物馆协会常务理事、中国古迹遗址保护协会理事会理事等。长期从事文物保护、考古、博物馆等业务和行政管理工作，先后主持50余项重要古遗址、古窑址、古墓葬的考古发掘工作，其中主持发掘的宁波永丰库遗址获评"2002年度全国十大考古新发现"之一。负责上海世博会博物馆、上海市历史博物馆、上海博物馆东馆等重大项目的筹建等工作，国家水下考古重大项目长江口二号古船的水下考古与保护工作。在国家级、省级刊物上发表专业报告和论文20余篇，参与省级以上科研课题6项，出版主编或参与执笔著作18部。

2017年，参与的"机器人水下考古装备关键技术与应用"项目获上海市科学技术奖二等奖。

2019年5月，诸晓波在上海大学钱伟长纪念展开幕仪式上致辞

蔡国钧，1947年生，浙江人。

1982年，毕业于上海工业大学计算机工程系。

曾任上海电子计算机厂总工程师、长江计算机集团公司副总工程师，上海亚太计算机信息系统有限公司总经理，上海亚太神通计算机有限公司董事长，国家科技部和上海市科委科技进步奖评审专家。

曾获省部级科技进步二等奖五项、省部级科技进步三等奖七项。1992年、1993年，两次获评上海市劳动模范；1994年，获评全国劳动模范；1995年，获全国五一劳动奖章；2019年，获中华人民共和国成立70周年纪念章。

2021年4月，蔡国钧在上海大学计算机学院校友分会上作第一届理事会总结报告

廖大伟，1961年生于上海，祖籍江苏建湖。中国民盟成员。硕士。教授。

2019年，入职上海大学。现任上海大学文学院历史系教授兼任上海市文史馆馆员。

1989年，获上海师范大学中国近现代史专业硕士学位。曾任上海社会科学院研究员、院科研处副处长、历史研究所所长助理，东华大学教授、博士生导师、校学术委员会委员、人文学院副院长（主持工作）、历史研究所所长。曾访学俄罗斯科学院、俄罗斯莫斯科大学、美国斯坦福大学、日本神奈川大学、日本神户大学、韩国釜山大学、韩国仁川大学及台湾成功大学、香港中文大学、澳门大学等。为国家社科重大项目首席专家。兼任中国孙中山研究会副会长、中国太平天国研究会副会长、中国区域文化专业委员会副会长、中国辛亥革命研究会常务理事、中国近现代史史料学学会常务理事、中国城市史专业委员会常务理事、上海中山学社副社长兼秘书长、上海市毛泽东思想研究会副会长，《近代中国》（CSSCI集刊）主编。主要从事中国近现代史、上海史研究。主办过"近代城市发展与社会转型""近代人物研究：社会网络与日常生活"等国际学术研讨会，为海峡两岸"纪念孙中山"学术交流平台发起人之一。发表学术论文百余篇及专业文章30余篇，出版独著、参著数十部。主持和参与多项国家、省部级科研项目。

曾获国家图书奖、上海市哲学社会科学优秀成果奖、上海图书奖等奖项。2015年，获香港桑麻奖。

廖大伟工作照

翟建，1957年生，上海人。教授。

1983年，毕业于上海大学政法系，获法学学士学位并留校任教。曾任上海大学文学院法律系副主任。

1984年起，从事兼职律师工作，任上海市联合律师事务所第二室主任。1995年，从事专职律师工作；同年，成立上海市明日律师事务所并任主任。2002年，创办全国首家个人律师事务所——上海市翟建律师事务所。现任北京大成（上海）律师事务所高级合伙人、刑事部主任，全国律师协会刑事专业委员会顾问。曾兼任中华全国律师协会刑事业务委员会委员、上海市律师协会刑事诉讼法律研究委员会主任、上海市律师协会常务理事和上海外贸学院、上海社会科学院、华东政法大学、北京大学法学院、北京师范大学法学院等高等院校特聘讲师、教授。专攻刑事辩护业务，承办多起在国内外有重大影响的刑事案件。

曾获上海市十佳刑事辩护律师、中国十大刑事辩护律师、全国优秀律师、中国的十大精英律师等荣誉称号。2007年，入选上海首届"东方大律师"。2011年，获律政年度精英律师荣誉称号。

2011年12月，翟建在"律政年度精英律师"颁奖典礼上

翟启杰，1959年生，祖籍山东莱州，生于辽宁大连。中共党员。博士。教授。

2000年，入职上海大学。历任上海大学科研处处长、研究生部主任、学科建设办公室主任、校长助理。现任上海大学材料科学与工程学院教授、上海大学先进凝固技术中心主任、材料计算与数据科学中心主任、材料创新研究院院长。

1991年，获北京科技大学工学博士学位后留校任教。历任北京科技大学材料学院教授、博士生导师，铸造研究所所长。研究方向是金属凝固、连铸新技术、铸造合金及材料。先后承担国家973、863计划项目，自然科学基金等国家及企业协作项目50余项。申报及获得发明专利22项，发表学术论文220余篇，出版专著2部，有11项技术成果投入应用。兼任中国铸造学会副理事长、上海金属学会副理事长、全国铸造标准化技术委员会铸造分会副主任委员、中国薄板坯连铸连轧协会理事、世界铸造组织（WFO）黑色金属技术委员会委员、上海市宝山区科协副主席和《铸造》《上海金属》《上海大学学报（自然科学版）》等期刊副主编。为国家自然科学基金专家评审组成员。

曾获国家部委和地方颁发的科技进步奖五项；获北京市（青年）学科带头人、上海市教育系统优秀共产党员、教育部霍英东优秀青年教师奖、宝钢优秀教师奖、王宽诚育才奖等奖项，入选教育部新世纪优秀人才支持计划、上海市优秀学科带头人、上海市领军人才等。2017年，获国家技术发明奖二等奖。

2017年，翟启杰（中）及获奖团队参加国家科学技术奖励大会

滕建勇，1969年生，浙江萧山人。中共党员。博士。

1991年，上海科学技术大学金属物理专业毕业后留校任教，历任辅导员、团总支书记，党总支副书记、系副主任。1994年后，历任上海大学学生工作办公室副主任、主任，校团委书记，大学生艺术中心主任，学生工作办公室主任，学生工作委员会秘书长，校党委办公室主任，校党委副书记，研究生工作党委书记等职。2007年，获上海大学材料学博士学位。在上海大学期间，2004—2005年，赴美国纽约城市大学做访问学者。

2009年后，历任上海工程技术大学党委书记，任上海师范大学党委书记，上海市教卫工作党委副书记、市教育工会主席。2022年，任中共上海市委宣传部副部长。

曾获上海市育才奖、上海市优秀思想政治工作者荣誉奖、上海市青年志愿者杰出贡献奖、上海市优秀学生辅导员、上海大学优秀学生思想政治工作干部标兵、上海市新长征突击手等奖项和荣誉称号。

2007年，滕建勇在上海大学走访困难学生

滕俊杰，1957年生，江苏苏州人。中共党员。国家一级导演。

1999年，在上海大学影视艺术技术学院研究生班就读。2020年，受聘为上海大学上海电影学院教授、上海电影特效工程技术研究中心委员会主任。

1986年，进入上海电视台工作。历任上海电视台文艺部摄像科副科长、文艺部编导，上海东方电视台节目部副主任、编导，文艺部主任，上海卫星电视中心节目部主任，上海电视台副台长兼文艺中心主任，上海东方电视台文艺频道总监兼主编，上海文广新闻传媒集团副总裁，上海广播电视台副台长，上海市文化广播影视管理局党委委员、艺术总监，上海广播电视台、上海文化广播影视集团有限公司党委书记。为中国2010年上海世博会开闭幕式总导演。现任上海文化广播影视集团有限公司监事长、上海市文联副主席、上海市电视艺术家协会主席、上海市艺术类高级职称评委会主任。执导的3D全景声京剧电影《贞观盛世》获中国电影最高奖"金鸡奖"并获第15届中美电影节"最佳影片奖"。执导的京剧电影《霸王别姬》以及歌剧电影《这里的黎明静悄悄》在洛杉矶分获国际3D电影和8K电影最高奖——卢米埃尔奖，实现中国电影史上"零的突破"。执导的《萧何月下追韩信》《曹操与杨修》分获日本冲绳国际电影节最受欢迎外国电影奖、日本京都国际电影节最佳表演大奖、中美国际电影节最佳影片奖等。执导的重大电视项目曾两次荣获中宣部"五个一工程奖"，两次获国家广电总局年度唯一最佳导演奖，一次获中国电视"金鹰奖"年度最佳导演奖，十六次获中国电视人文艺术最高奖"星光奖"一等奖；1998年，在日本东京获亚洲电视大奖；2009年，论文《向世界展示中国》获国家广电总局论文一等奖；2011年，在香港荣获有亚洲"艾美奖"之称的"亚洲彩虹奖"。2020年，执导的全景声电影《这里黎明静悄悄》获第28届上海电影评论学会奖评委会特别贡献奖。

2010年，被中共中央、国务院授予"世博先进个人"称号；2019年，被授予联合国中文日"文化大使"称号。为上海市第十二、第十三届政协常委会委员。

滕俊杰（左三）与上海大学校领导交流

潘立宙（1927—2021），江苏吴县人。中共党员。教授。

1983年，入职上海工业大学。1984年起，任上海市应用数学和力学研究所副所长。教授。

1952年，清华大学机械工程系毕业后留校，任清华大学力学教研室助教。1957年，考入中国科学院力学研究所攻读弹性力学研究生，师从钱伟长教授，1960年研究生毕业后被派往新疆科学分院工作并任负责人。1964年，调入中国地质科学院地质力学研究所工作，1981年晋升为研究员。后兼任地质矿产部地质力学研究所研究员、国际岩石力学学会会员及五种学术杂志的编委。曾在日本横滨市立大学进行访问讲学。

1985年、1986年，分别获地矿部科技成果奖四等奖、一等奖；1987年，获国家科技进步奖三等奖；1990年、1991年，分别获上海市科技进步奖二等奖、三等奖。1977年、1981年，两次被评为中国地质科学院先进工作者；1987年，获上海市劳动模范荣誉称号。

潘立宙（中）与上海市应用数学和力学研究所的同事们讨论工作

戴元光，1952年生，江苏盐城人。教授。

2001—2012年，历任上海大学传播学博士生导师、传媒研究中心主任、影视艺术技术学院副院长。

1968—1982年，服务于解放军某部。1974—1977年，就读于兰州大学文学系。1985—1987年，在复旦大学新闻学院修习研究生课程。1989—1991年，在美国夏威夷大学研修，在美国EWC做访问学者。1984—2000年，任兰州大学副教授、教授，研究中心副主任。2012年后，历任上海政法学院文学与传媒学院院长、上海纪录片学院理事长等。为全国新闻与传播学专业学位研究生教育指导委员会委员，教育部高等学校新闻学科教学指导委员会委员，教育部"马工程"教材首席专家。兼任中国传播学会会长，中国商业史学会副会长。先后主持国家社科一般项目和重点项目4项，国家教委、省部社科项目14项，国际合作项目4项。出版专著（编著）18部，其中《传播学原理与应用》是我国第一部传播学专著。

曾获甘肃省社科最高奖、上海市哲学社会科学优秀成果奖、教育部人文社科奖、上海市教学名师奖、国家普通高校优秀教材奖、省市级优秀图书奖、省优秀园丁奖、上海市育才奖等奖项13项。

2007年1月，戴元光在第二届中国传媒创新年会上演讲

戴世强，1941年生，浙江定海人。

1984年，入职上海工业大学，在上海市应用数学和力学研究所工作，曾任副所长。1993年起，担任流体力学专业博士生导师。2009年，受聘为上海大学终身教授。

1962年，毕业于复旦大学数学系。1966年，在中国科学院力学研究所电磁流体力学专业研究生毕业，师从郭永怀先生。1966—1984年后，在中国科学院力学研究所、七机部207所和701所从事科研工作。长期从事流体力学和应用数学研究，擅长水波动力学、奇异摄动理论、计算机代数以及交通流理论等，曾主持或参加国家自然科学基金课题11项、国家973计划项目的课题1项、国家攀登计划子课题1项，兼任中国力学研究学会数学方法专业委员会副主任，水动力力学专业组副组长，中国力学学会第八届理事会副理事长，复旦大学兼职教授，《上海大学学报（自然科学版）》《应用数学和力学（英文版）》主编。

1986年、1994年，两次获国家教委科技进步奖二等奖；1995年，学术论文获周培源优秀水动力学论文奖。1999年，获上海市育才奖；2007年，获全国模范教师荣誉称号。

戴世强在给学生上课

2001年，戴世强（前排右一）在上海市应用数学和力学研究所与所长钱伟长等人合影

戴宁，1959年生，江苏六合人。博士。研究员。

1982年，毕业于上海科学技术大学物理系理论物理专业。

1994年，获美国Notre Dame大学博士学位。曾任复旦大学物理系副教授。现任中国科学院上海技术物理研究所研究员，国科大杭州高等研究院物理与光电工程学院执行院长，上海科技大学教授。兼任中国微米纳米技术学会理事，中国真空学会理事，国家自然科学基金委资深评审专家，上海市激光学会副理事长，上海市有色金属学会副理事长、半导体材料专业委员会主任。致力于半导体低维结构材料生长和光电子物理研究。为国家杰出青年科学基金获得者，国家973项目首席科学家。

2001年，入选中国科学院百人计划；2004年，入选新世纪千百万人才工程国家级人选。

2019年7月，戴宁在上海大学人工智能行业校友会成立仪式暨首届人工智能行业校友高峰论坛上担任主持人

戴厚英（1938—1996），安徽颍上人。副教授。

1980年，到复旦大学分校任教，后任上海大学文学院副教授。

1960年，华东师范大学中文系毕业后，到上海文学研究所研究文艺理论，1978年开始小说创作。1979年，到复旦大学中文系任教。1980年，发表的《人啊，人！》是一部具有历史标识意义的长篇小说。另外，还创作有《诗人之死》《脑裂》《我的故事》《空中的足音》《往事难忘》，中短篇小说集《锁链，是柔软的》，散文集《戴厚英随笔》等著作。

戴厚英成名作——长篇小说《人啊，人！》（初版封面）

戴振宇，1975年生，浙江鄞县人。硕士。高级工程师。

2019年，受聘为上海大学悉尼工商学院特聘教授、硕士生导师。2021年，获上海大学工程管理专业硕士学位。

现任上海城建城市运营（集团）有限公司党委书记、董事长，兼任中国土木工程学会理事、中国土木工程学会市政工程分会副理事长，中国公路学会理事等职。长期从事城市基础设施建设运营工作，积极投身城市交通基础设施智慧化运维科研开发领域，围绕全生命周期管理、路网级数字管养、交通基础设施更新等方向进行创新研究，多次荣获上海市重点工程实事立功竞赛"市级记功""建设功臣"等荣誉。带领团队构建国内首个隧道全生命周期运营管理技术体系，开发创建国内首个超大城市交通基础设施智慧运管平台，并牵头负责多项科技部、市科委、市经信委、市交通委等科研课题。参编行业及地方标准，申请发明专利及实用新型专利共70余项，拥有"上海品牌""上海标准"等多项权威认证。

曾获上海市科技进步奖一等奖、上海市公路学会科学技术奖等奖项。

2021年4月，戴振宇在2021中国（上海）国际隧道工程研讨会"城市基础设施全生命周期智慧运营管理"分论坛上发言

魏大名，1947年生，浙江杭州人。博士。日本工程院外籍院士。

上海工业大学计算机工程专业1979级硕士。2011年，受聘为上海大学"自强教授"。

1970年，毕业于清华大学工程力学数学系。1985年，获浙江大学生物医学工程博士学位，是我国培养的第一位生物医学工程学博士，心肌梗塞检查新技术"导出18诱导心电图"的发明人。曾任浙江大学科仪系讲师、医仪教研室副主任。1986年赴日本，历任东京工业大学研究生院电子系统客员研究员，日本光电工业株式会社（日本最大的医疗机器公司）医疗机器事业部科长，帝京平成大学信息系副教授，日本会津大学教授、研究生院信息系主任、计算机学院软件系主任、信息中心主任，日本国立东北大学医学系研究生院非常勤讲师，日本创设大学心电技术研究所研究员。兼任国际生物电磁学会理事、日本医用生体工学会东北支部理事，*International Journal of Bioinformatics and Applications*，*International Journal of Bioelectromagnetism* 编辑委员，为 *IEEE International Conferenceon Computer and Information Technology* 创始人、常设委员会主席。已拥有50多项国际发明专利。现任日本会津大学终身名誉教授、东京电机大学客座教授、心电技术研究所代表，复旦大学、上海大学兼职教授。

2011年，魏大名（左）受聘为上海大学"自强教授"

阿格申·阿利耶夫（Agshin Aliyev），1983年生，阿塞拜疆籍。博士。

2001—2005年，获上海大学文学院对外汉语专业学士学位。2005—2008年，获上海大学文学院汉语言文字学专业硕士学位。为上海大学来华留学生校友分会第一届校友理事会副会长。

2008—2013年，获华东师范大学汉语言文字学专业博士学位。2013—2016年，上海师范大学博士后，研究方向是词典编纂和理论。

现任高级翻译，从事中国与阿塞拜疆国家领导之间的官方翻译工作。为北京外国语大学亚洲学院外籍专家，阿塞拜疆语教研室主任，远程汉语教师（阿塞拜疆国立经济大学志愿者）。兼任中国社会科学院中国文化研究中心客座研究员、中国文化译研网阿塞拜疆语专家委员会顾问专家、阿塞拜疆国家科学院文学研究所驻华协调员、"一带一路"青年汉学家联盟首任主席、阿塞拜疆"学前与小学教育"学术期刊编委、阿塞拜疆"AZLING2021"语言学国际学术研讨会组织者、阿塞拜疆"阿塞拜疆语言与文学教育"学术期刊顾问。已在中国和阿塞拜疆发表论文31篇；已出版专著《汉语图解小词典》（阿塞拜疆语版）、《汉语800字》（阿塞拜疆语版）、《阿塞拜疆语英语汉语图解词典——"一带一路"社会文化多语图解词典系列词》、《阿塞拜疆语讲中国文化》、《内扎米遗产》等，翻译莫言著《姑妈的报道》（阿塞拜疆语版）。参与研究项目有阿塞拜疆文化教育研究、基础阿塞拜疆语教程（第一册）、《万国语言志》阿塞拜疆篇、社科基金重大项目"新世纪东方区域文学年谱整理与研究（2000—2020）"、全国高校外语教学科研项目"阿塞拜疆语慕课课程的建设"等。

2005年，获中国国家汉办主办的"汉语桥"朗诵大赛三等奖；2019年，获阿塞拜疆驻华大使馆荣誉证书（表彰在中国与阿塞拜疆之间学术与教育交流中的贡献），中国"我最喜爱的外教"称号；2020年，获阿塞拜疆共和国侨胞工作委员会勋章，表彰"阿塞拜疆语言与文化对外宣传"服务；2022年，获中国译研网"合作友谊奖"（表彰文明交流互鉴、中外民心相通以及中国文化翻译传播所作出的贡献）、阿塞拜疆国家科学院"荣誉证书"。

阿格申·阿利耶夫在作报告

华可飞（Koffi Hua Wilfried Serge），1987 年生，科特迪瓦籍。科特迪瓦国家运动队田径运动员。

2010 年，获象牙海岸联合会提供了的为期四年的体育奖学金，到上海大学学习。2010—2012 年，获上海大学经济学院国际金融专业学士学位。2012—2014 年，获上海大学经济学院国际金融专业硕士学位。目前在上海大学攻读经济学博士学位。

2012 年，获马拉喀什非洲田径锦标赛 100 米短跑金牌和 200 米短跑金牌。2013 年，获喀山世界大学生运动会男子 100 米短跑铜牌。2015 年，获釜山世界大学生运动会男子 200 米短跑金牌。

华可飞在比赛场上

玛丽·约瑟·塔·洛（Marie José e Ta Lou），1988年生，科特迪瓦籍。科特迪瓦国家运动队田径运动员。

2010年，获象牙海岸联合会提供的为期四年的体育奖学金，到上海大学学习。2010—2013年，在上海大学国际交流学院汉语言专业学习。

2016年，获里约热内卢奥运会100米短跑第四名、200米短跑第四名。2017年，获伦敦世界田径锦标赛女子100米短跑第二名、200米短跑第二名。2019年，获多哈世界田径锦标赛女子100米短跑第三名。2021年，获东京奥运会女子100米短跑第四名、200米短跑第五名。2022年，获钻石联赛巴黎站女子100米短跑第三名。

玛丽·约瑟·塔·洛在比赛场上

博维嘉（Diego Fernando Vega Cevallos），厄瓜多尔籍。硕士。

2004—2007年，在上海大学国际经济和贸易专业学习，获硕士学位。

2009—2012年，任厄瓜多尔共和国计划和开发部国际商务高级协调员。2013—2015年，任厄瓜多尔共和国高教科技创新部国际事务主任，其间负责协调商谈厄瓜多尔高教与科技合作项目，增加了签订国际合作协议的数量，使厄瓜多尔学生在中国、韩国、西班牙等国获得的奖学金版人数从每年200多人增加到1000多人；还起草并指导了多份关于发展双边和多边技术和金融合作项目与协议的政策文件。2015—2018年，任厄瓜多尔驻中国上海总领事馆首席商务领事（贸易委员），期间设计不同策略促进厄瓜多尔出口，减少与两国之间的贸易差距，使厄瓜多尔在中国市场的销售量每年增长10%；同时通过创立公共关系吸引了外国投资，巩固了10多家公司在厄瓜多尔与拉丁美洲的投资。2018—2020年，任厄瓜多尔基多 UNIPUNTO CIA. LTDA 总裁，通过实施数字市场战略，在当地和国际市场提高了纺织品牌销售量的15%。2020—2021年，任厄瓜多尔基多世界食品计划独立顾问，为中国与厄瓜多尔在粮食、渔业与其他生产模式方面的科学管理和技术开发提供了顾问。现任中国上海国际经济与贸易仲裁委员会仲裁员、调解员，厄瓜多尔基多"爱心一起学习"总监，厄瓜多尔基多上海贸易公司总监。作为仲裁员与调解员为国内国际争端方之间的业务和金融争端提供了独立、公正、法律的解决办法；为几家拉丁美洲公司设计、指导、提出概念，使他们能够将产品出口到中国市场，并为访问中国的外国企业家们设计安排公务日程，寻找商机、供货者与商业合作伙伴及与厂方洽谈；还设计了几门培训课程以便促进中国与拉丁美洲之间的贸易，优化在中国的供货，还为拉丁美洲和中国公众提供中文、西班牙文和英文翻译服务。

马可·穆勒（Marco Müller），1953年生，意大利籍。电影制片人，策展人，影评人，电影史学教授。

2020年起，任上海大学特聘教授和上海大学电影艺术研究中心艺术总监。

任制片人及联合制片人的多部电影在电影节上获奖，《无主之地》获第74届奥斯卡奖最佳外语片奖，《无记名投票》获第58届威尼斯电影节最佳导演奖等。任国际电影节主席期间，将谢晋、田壮壮、陈凯歌、张艺谋、贾樟柯、张元、凌子等多位中国导演的优秀作品推向国际。1981年，首次任威尼斯电影节总监，将凌子导演的《原野》选为参赛影片，这部中国大陆第一部参加国际影展的影片获得"世界最优秀影片推荐奖荣誉"。在任威尼斯电影节选片人期间，侯孝贤导演的《悲情城市》、张艺谋导演的《大红灯笼高高挂》《秋菊打官司》得以入围并最终获奖。在任威尼斯总监的八年中，中国电影《三峡好人》《色戒》《桃姐》与《人山人海》等作品先后夺魁。

因对中国电影事业作出的卓越贡献，2010年，获国务院授予的中意友好贡献奖；2017年，获山西平遥"荣誉市民"称号。中国央广网称其为"把中国电影推向世界的第一人"。

2021年，马可·穆勒受聘为上海大学特聘教授、上海大学电影艺术研究中心艺术总监

苏娲（Souvath Senglathsamy），老挝籍。硕士。

2003—2007年，在上海大学学习，获工商管理学士学位；2008—2011年，在上海大学学习，获企业管理硕士学位。现任上海大学老挝校友会副会长。

在中老文化、旅游交流方面做了不少工作，如协助老挝新闻、文化和旅游部与中国文化和旅游部筹备2019年"中国—老挝旅游年"闭幕式（北京）。曾任老挝新闻、文化和旅游部旅游宣传司司长，老挝计划与投资部投资宣传司司长，老挝国家航空公司副总经理，老挝国家开发银行行长，北京联合大学校长，中国文化和旅游部国际司副司长互访、交流、会谈时的翻译。

苏娲在老挝国家开发银行

阿迈德（Amzath Ahmed），1981年生，马尔代夫籍。博士。

2007年，获上海大学管理学院会计专业学士学位。2010年，获上海大学管理学院管理会计专业硕士学位。2015年，获上海大学管理学院管理科学与工程专业博士学位。

2015—2018年，任马尔代夫共和国外交部高级秘书。2016—2018年，任马尔代夫共和国驻北京大使馆领事。2018—2021年，任马尔代夫共和国总统办公室主任。现任马尔代夫Villa学院副研究员。

郭甲烈（인적사항），1962年生，韩国籍。硕士。

作为韩国大邱市政府公派留学生，2001—2002年，在上海大学学习汉语；2002—2004年，在上海大学攻读国际经济与贸易硕士研究生。2016年，在上海大学来华留学生校友分会成立大会上，被选为常务副会长。

2004年，任韩国大邱市政府国际通商课组长。2012—2017年，任韩国大邱市政府上海代表处首席代表，为韩国大邱市企业和中国企业的交流合作牵线搭桥，对两地政府机关、协会、组织、学校的友好交流活动起到桥梁纽带作用。2018—2020年，任大邱市政府医疗产业基础课课长。2020—2021年，任大邱市政府上海代表处首席代表。2021年后，任韩国大邱市政府国际协力局局长。这些年还促进大邱市与中国的青岛、成都、宁波三个城市先后建立了姐妹城市关系，与武汉、长沙、沈阳、绍兴、扬州和盐城建立了友好合作关系。作为中韩经贸教育文化交流的友好使者为中韩友好合作交流作出了重要贡献，如：2015年，大邱企业与绍兴污水处理厂合作项目正式签约，合作金额高达40亿韩元；牵线搭桥成立了大邱庆北企业人议会，这是在中国华东地区大邱庆北企业代表参加的商会性质的组织，也吸收了一些到过大邱庆北访问交流的中国企业的代表。2020年，发起成立中国大邱发展协议会，这是曾经到访过大邱或与大邱有合作的各行各业人士参加的民间组织，在大邱、庆北和中国之间起到稳固的桥梁作用。还促成了大邱市音乐剧团来上海演出和大邱市医疗器械、服装、水污染处理设备等来上海参加各类大型展览会。2020年初，作为大邱市上海代表处首席代表，联系大邱市政府，调配了18700只医用口罩及其他医疗物资支援友好城市武汉，并带着韩国大邱市市长权泳臻市长写给武汉市政府的亲笔信到武汉，代表大邱市对武汉进行慰问。还带来一部分防疫物资直接捐赠给上海大学用于校园疫情防控，是第一位向学校捐赠防疫物资的来华留学生校友。

2017年，获韩国总统文在寅颁发的表彰状，表彰其作为大邱市高级公务员，20年间在国际业务中取得了卓越的业绩；2021年，获聘中国青岛市人民对外友好协会荣誉理事，中国大邱发展协议会委任其为大邱发展协议会名誉会长，大邱庆北企业人协议会为其颁发感谢奖牌。2021年7月7日的《上海韩人报》刊登《韩中地方交流专家大邱广域市郭甲烈所长衣锦还乡》的报道，介绍其在上海工作期间推进的主要业务。

阿里（Elyor Azimovich Makhmudov），1984年生，乌兹别克斯坦籍。博士。

2006—2007年，获得乌兹别克斯坦与中国两国政府协议的奖学金，在上海大学中国经济和语言训练班学习。

2001—2011年，在乌兹别克斯坦塔什干国立东方大学（Tashkent State University of Oriental Studies）完成大学本科和研究生学业，2012年获经济学博士学位。2018年，在上海社会科学院研习。

2009年起，在塔什干国立东方大学工作，历任汉语与韩语系讲师，国际办公室主任，外国经济与国家研究系主任，中国政治、历史和经济学系副教授，国际合作副校长。现任乌兹别克斯坦塔什干外交官大学（Diplomat University）校长。2013—2022年，为塔什干国立东方大学乌兹别克斯坦—中国孔子学院董事会成员。已出版专著5本，在中国、美国、俄罗斯、日本、韩国、印尼、拉脱维亚、阿塞拜疆、土耳其、伊朗等国的学术刊物上发表论文50多篇。2011—2022年，在当地和外国媒体上发表关于塔什干国立东方大学各种活动的文章约200篇。2013年在日本Tsukuba大学、2014年在韩国Hankuk外国研究大学、2016年在美国纽约州立大学做过关于乌兹别克斯坦经济的讲座。2013年在中国和日本、2014年在韩国、2016年在美国、2020年与2021年在俄罗斯和土耳其、2021年在印尼召开的国际会议上宣读了论文。为多次塔什干和外国国际会议的组织者和组委会成员。

2020年，获土耳其教育机构和国际欧亚教育机构联合会授予的"BILGE TONYUKUK"奖。

阮仲英（Nguyen Trong Anh），1984年生，越南籍。博士。

2011—2014年，在上海大学环境与化学工程学院学习，获硕士学位。2014—2017年，在上海大学环境与化学工程学院学习，获博士学位。

毕业后入越南职雒鸿大学，任生物学与环境学科教师。现任越南雒鸿大学研究科学与应用中心副经理。已获发明专利3项，发表论文6篇。

2019年，获越南全国技术科学创造第15届比赛三等奖；2020年，获越南劳动合会颁发的"2020年的创造劳动奖状"、越南祖国阵线委员会颁发的"在越南创造金书有发明项目的证书"。

2019年，阮仲英获越南全国技术科学创造第15届比赛三等奖

阮仲英获越南劳动合会颁发的"2020年的创造劳动奖状"

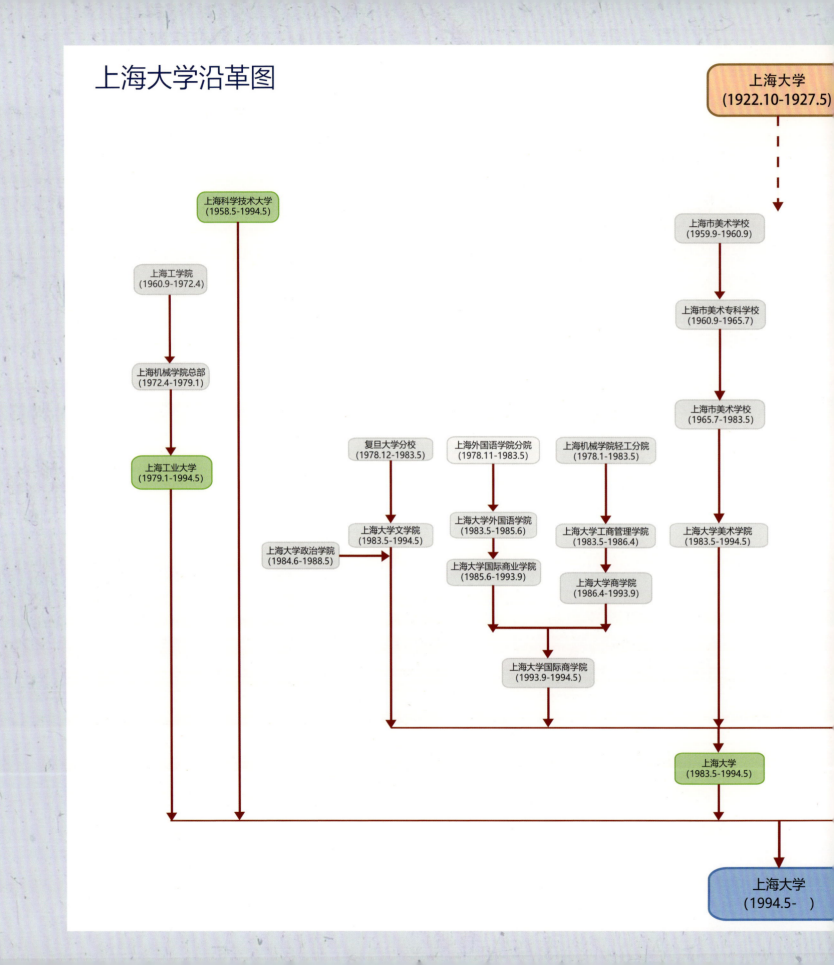

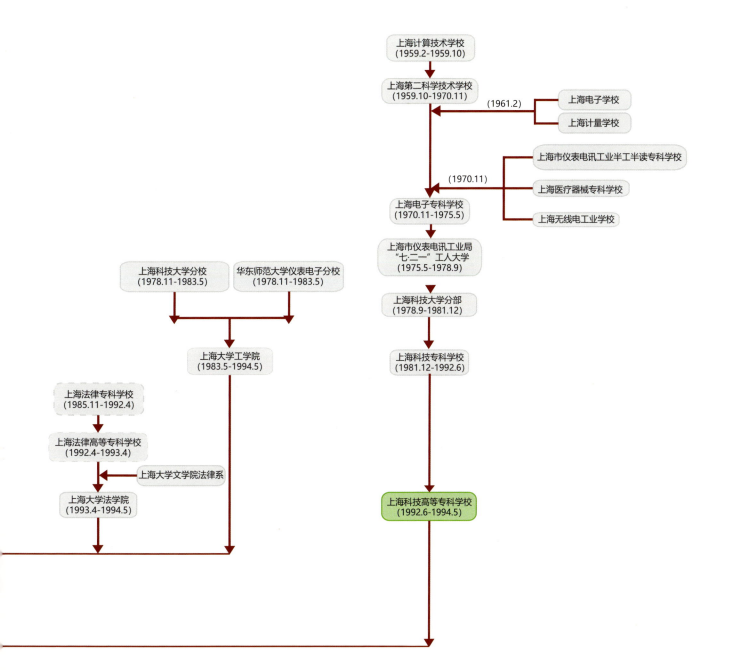

图书在版编目（CIP）数据

百年上大校友画传.第二辑/成旦红，刘昌胜主编.—上海：上海大学出版社，2022.9
ISBN 978-7-5671-4521-4

Ⅰ.①百… Ⅱ.①成… ②刘… Ⅲ.①上海大学—校友—生平事迹—画册 Ⅳ.①K820.7-64

中国版本图书馆CIP数据核字（2022）第154871号

责任编辑　傅玉芳　刘　强　柯国富
技术编辑　金　鑫　钱宇坤
装帧设计　柯国富

百年上大校友画传（第二辑）

成旦红　刘昌胜　主编

出版发行	上海大学出版社
社　　址	上海市上大路99号
邮政编码	200444
网　　址	www.shupress.cn
发行热线	021-66135112
出 版 人	戴骏豪
印　　刷	上海颛辉印刷厂有限公司
经　　销	各地新华书店
开　　本	889mm×1194mm　1/12
印　　张	$26\frac{2}{3}$
字　　数	530千字
版　　次	2022年9月第1版
印　　次	2022年9月第1次
书　　号	ISBN 978-7-5671-4521-4/K·260
定　　价	320.00元